essentials

essentials liefern aktuelles Wissen in konzentrierter Form. Die Essenz dessen, worauf es als „State-of-the-Art" in der gegenwärtigen Fachdiskussion oder in der Praxis ankommt. *essentials* informieren schnell, unkompliziert und verständlich

- als Einführung in ein aktuelles Thema aus Ihrem Fachgebiet
- als Einstieg in ein für Sie noch unbekanntes Themenfeld
- als Einblick, um zum Thema mitreden zu können

Die Bücher in elektronischer und gedruckter Form bringen das Expertenwissen von Springer-Fachautoren kompakt zur Darstellung. Sie sind besonders für die Nutzung als eBook auf Tablet-PCs, eBook-Readern und Smartphones geeignet. *essentials:* Wissensbausteine aus den Wirtschafts-, Sozial- und Geisteswissenschaften, aus Technik und Naturwissenschaften sowie aus Medizin, Psychologie und Gesundheitsberufen. Von renommierten Autoren aller Springer-Verlagsmarken.

Weitere Bände in der Reihe http://www.springer.com/series/13088

Angelica M. Schwarz

Bilanzierung von Daten

Angelica M. Schwarz
Zürich, Schweiz

ISSN 2197-6708   ISSN 2197-6716   (electronic)
essentials
ISBN 978-3-658-28907-2   ISBN 978-3-658-28908-9   (eBook)
https://doi.org/10.1007/978-3-658-28908-9

Die Deutsche Nationalbibliothek verzeichnet diese Publikation in der Deutschen Nationalbibliografie; detaillierte bibliografische Daten sind im Internet über http://dnb.d-nb.de abrufbar.

Springer Gabler ist ein Imprint der eingetragenen Gesellschaft Springer Fachmedien Wiesbaden GmbH und ist ein Teil von Springer Nature.
Die Anschrift der Gesellschaft ist: Abraham-Lincoln-Str. 46, 65189 Wiesbaden, Germany

- Eine Einführung in die technischen Grundlagen bezüglich des Veredelungsprozesses von Daten.
- Eine Abhandlung zu Big Data und dem damit verbundenen Unternehmenspotenzial.
- Eine Einführung in das Schweizerische Rechnungslegungsrecht.
- Ein Vergleich zwischen dem Schweizerischen Rechnungslegungsrecht und dem IFRS-Regelwerk.

Inhaltsverzeichnis

Einleitung 1

> *The most valuable commodity I know of is information*
> (Gordon Gekko – Wall Street)

1.1 Technische Grundlagen

1.1.1 Begriff Daten

Im Bereich der Informationstechnik (IT) definiert die Internationale Standardisie-
rungs-Organisation (ISO) sowie die Internationale Elektrotechnische Kommission
(IECD) Daten als eine Darstellung von *Informationen,* die in einer formalisierten Art zur Kommunikation, Interpretation oder Verarbeitung durch Mensch
oder Maschine geeignet ist. Eine Information stellt wiederum eine Kenntnis
über Sachen, Sachverhalte, Fakten, Ereignisse, Prozesse oder Ideen (inkl. Kon-
zepte) dar. Auf dem Gebiet der elektronischen Datenverarbeitung (EDV) werden
als Daten nur jene Informationen bezeichnet, die zum Zweck der maschinellen
Interpretation in einem fest vereinbarten Aufbau aufgezeichnet sind (formatierte
Daten). Unstrukturierte (bzw. unformatierte), schriftliche Informationen werden
hingegen als Text bezeichnet. In der Betriebswirtschaft stellen Daten Angaben
über Sachverhalte und Vorgänge in einer maschinell bearbeiteten Form dar. Dabei
wird zwischen numerischen Daten (Zahlen und Sonderzeichen), alphabetischen
Daten (Buchstaben) sowie alpha-numerischen Daten (Kombination aus Zahlen,
Buchstaben und Sonderzeichen) unterschieden (Schneck 2014, S. 154; Schwarz
2019, S. 7).

Auch im Recht findet der Datenbegriff Anwendung, wobei die jeweiligen
Definitionen je nach Rechtsgebiet abweichen können. Beispielsweise stellt

© Springer Fachmedien Wiesbaden GmbH, ein Teil von Springer Nature 2020
A. M. Schwarz, *Bilanzierung von Daten,* essentials,
https://doi.org/10.1007/978-3-658-28908-9_1

Art. 143 des schweizerischen Strafgesetzbuches (CH-StGB) den *unrechtmässigen Zugriff auf Daten* unter Strafe. Das Gesetz enthält keine Legaldefinition zum Datenbegriff, doch erfasst die Lehre darunter alle Aufzeichnungen, die Gegenstand menschlicher Kommunikation sein können, sofern sie in codierter Form von einer Datenverarbeitungsanlage verarbeitet, gespeichert oder übermittelt werden können. Nach diesem Begriffsverständnis erfasst die Norm somit auch Aufzeichnungen, die nicht in eine lesbare Form gebracht werden können (z. B. digital gespeicherte und übermittelte Tonaufnahmen, Fotos oder Filme) (Weissenberger 2013, Art. 143 StGB N 6 ff.; Schwarz 2019, S. 7 f.). In ähnlicher Weise stellt § 202a des deutschen Strafgesetzbuches (D-StGB) das *Ausspähen von Daten* unter Strafe, wobei nach dieser Gesetzesbestimmung als Daten nur solche gelten, die elektronisch, magnetisch oder sonst nicht unmittelbar wahrnehmbar gespeichert sind oder übermittelt werden. Es handelt sich hierbei um einen weiten Datenbegriff und es werden auch Informationen ohne Verarbeitungszweck erfasst (Kargl 2017, § 202a StGB N 4).

Demgegenüber geht das schweizerische Datenschutzgesetz (CH-DSG) von einem differenzierten Begriffsverständnis aus. Gemäss Art. 3 lit. a und b CH-DSG gelten als Daten nur Angaben, die sich auf eine bestimmte oder bestimmbare Person beziehen (sog. Personendaten), wobei sowohl natürliche als auch (derzeit noch) juristische Personen, über die Daten bearbeitet werden, als betroffene Personen im Sinne dieses Gesetzes gelten (das CH-DSG wird derzeit einer Totalrevision, auf die vorliegend jedoch nicht näher einzugehen ist, unterzogen). Unter Angaben ist jede Art von Information zu verstehen, die dem Vermitteln oder Verfügbarhalten von Kenntnissen dient. Unerheblich ist die Herkunft, die Form sowie die Darstellung von Daten (Rudin 2015, Art. 3 N 3 f.; Schwarz 2019, S. 8). Von einem ähnlichen Begriffsverständnis geht Art. 4 Abs. 1 der EU-Datenschutzverordnung (EU-DSGVO) aus: Auch unter dieser Bestimmung fallen alle personenbezogenen Daten unter den Schutzbereich. Erfasst werden alle Informationen, die sich auf eine identifizierte oder identifizierbare natürliche Person beziehen. Im Unterschied zum CH-DSG finden die Bestimmungen der EU-DSGVO keine Anwendung auf Personendaten juristischer Personen. Den Mitgliedstaaten steht es jedoch frei, den Geltungsbereich ihrer Datenschutzgesetze auf juristische Personen auszudehnen (Rosenthal und Jöhri 2008, Art. 2 N 4 sowie Art. 3 N 5; Schwarz 2019, S. 8).

Die Ausführungen lassen erkennen, dass es sowohl auf nationaler als auch auf internationaler Ebene kein einheitliches Verständnis über den Datenbegriff gibt. Den Definitionen ist einzig gemein, dass Daten *Informationen* darstellen. Auf was sich diese Informationen jedoch beziehen müssen bzw. was für einen

Informationsgehalt gefordert wird, weicht je nach Kontext (z. B. Umgangs- vs. Fachsprache), Fachbereich (z. B. IT vs. EDV vs. Betriebswirtschaft vs. Recht) oder Rechtsgebiet (z. B. Strafrecht vs. Datenschutzrecht) ab (Schwarz 2019, S. 8 f.).

Vorliegender Beitrag geht von einem *informationstechnischen* Datenbegriff aus:

▶ *Als Daten gelten sämtliche Informationen, die in einer formalisierten Art zur Kommunikation, Interpretation oder Verarbeitung durch Mensch oder Maschine geeignet sind.*

Im Vordergrund stehen *digital* gehaltene Daten, deren Informationsgehalt sich sowohl auf technische als auch auf personenbezogene Angaben beziehen kann. Die Daten können numerischer, alphabetischer oder alpha-numerischer Art sein und werden i. d. R. durch Messung oder Beobachtung gewonnen. Unwesentlich ist, ob diese verschlüsselt oder unverschlüsselt sind (vgl. Schwarz 2019, S. 9).

1.1.2   Entstehung von Daten

Wer online einkauft, im Internet surft, seine Rechnungen elektronisch begleicht, ein Profil auf einer Social Media Plattform erstellt oder einen Blog-Eintrag verfasst, hinterlässt Daten. Es handelt sich hierbei um digitale Fussabdrücke, die bei jedem Klick entstehen. Z. B. werden pro Tag durchschnittlich 50 Mio. Tweets veröffentlicht und jeden Monat 32 Mrd. Suchanfragen auf Google getätigt. Facebook registrierte Mitte 2016 rund 1.71 Mrd. aktive User, was bei einer Weltbevölkerung von über 7 Mrd. eine enorme Zahl darstellt – Tendenz wohl steigend. Bei all diesen Aktivitäten werden Informationen preisgegeben, die vom Unternehmen registriert und weiterverarbeitet werden können. Ermöglicht wurde dies insbesondere durch die technologischen Fortschritte und das Internet (Frier 2016; Schwarz 2019, S. 9 f.; Verhoef et al. 2016, S. 2 f.).

Doch auch wer offline unterwegs ist, kann Spuren hinterlassen, die elektronisch nachvollziehbar sind. Zu denken ist etwa an die Benützung einer Kundenkarte im Laden, das Stehenbleiben vor einer Kamera oder das Ausfüllen eines Formulars, dessen Inhalte später elektronisch in ein System eingegeben werden. Überall dort, wo digitale Kontaktpunkte zwischen Unternehmen und deren (potenziellen) Kunden vorgesehen sind, werden Daten generiert und protokolliert (Schwarz 2019, S. 10).

1.1.3   Prozess der Datenveredelung

Die obigen Ausführungen lassen erkennen, dass die jüngsten technischen Fortschritte mit einer massiven Datenflut verbunden sind und das Alltagsleben eine
sprudelnde Datenquelle darstellt (Bachem 2016, S. 28; Schwarz 2019, S. 11).
Der Begriff *Big Data* steht für das Erfassen dieser grossen und aus vielfältigen
Quellen stammenden Datenmengen, die sodann gespeichert und für unbestimmte
Zwecke auf unbestimmte Zeit für Auswertungen und Analysen verfügbar
gemacht werden (Schwarz 2019, S. 11).

Nach BACHEM stellen Daten an und für sich noch keine Informationen dar.
Einen Informationsgehalt weisen sie nur dann auf, wenn sie als *relevant* bewertet
werden. Eine Information ist wiederum noch kein *Wissen*. Nur die *Bewertung* der
Information in einem entsprechenden Kontext veredelt sie zu Wissen (Bachem
2016, S. 30; Schwarz 2019, S. 13). Die Datenverarbeitung sowie die Datenanalyse stellen somit Kernbereiche im Rahmen von Big Data dar, denn erst diese
Prozesse ermöglichen die Gewinnung von Erkenntnissen aus dem Datenmeer. In
diesem Zusammenhang wird auch oftmals der Begriff *Business Intelligence (BI)*
verwendet, welcher die Tatsache beschreibt, dass Unternehmen ihre „Intelligenz"
bzw. ihre Ausrichtung in Bezug auf Kunden und Umsatz deutlich verbessern können, wenn sie die ihnen zur Verfügung stehenden Daten angemessen auswerten
und interpretieren (Bauer und Günzel 2013, S. 5 und 14; Schwarz 2019, S. 13;
Vossen 2016, S. 51).

Aus datenflussorientierter Sich beginnt der Weg zur Gewinnung von neuen
Erkenntnissen mit der Datenerhebung. Um die Daten zu veredeln, sind verschiedene und zum Teil intensive Verarbeitungsprozesse notwendig. Gewöhnlich
wird hierfür ein computergeschütztes Informationssystem eingesetzt, welches
Daten erfasst, verwaltet und idealerweise auswertbar macht (Bauer und Günzel 2013, S. 3 ff.; Schwarz 2019, S. 13). Das sog. *Data Warehouse System* stellt
ein derartiges Informationssystem dar, dessen Schwerpunkte bei der effizienten Bearbeitung grosser Datenmengen in komplexen Strukturen liegen. Ziel ist
es, dass auch solche Daten für vielfältige Analysezwecke zur Verfügung stehen
können. Aufgrund der immensen Datensammlung im Bereich von *Big Data Hosting* hat sich das Data Warehouse System als eine geeignete und häufig genutzte
Datenmanagement-Lösung etabliert (Bauer und Günzel 2013, S. 3 ff.; Schwarz
2019, S. 13 m.w.H.).

Im Rahmen der Wertschöpfung erscheint es somit verfehlt, diesen Prozess
auf die Erhebungs- und Auswertungsphase reduzieren zu wollen. Zwischen
diesen Phasen existiert oftmals ein aufwendiger, komplexer und technischer

Verarbeitungsprozess, ohne diesen die Gewinnung von neuen Erkenntnissen gar nicht möglich wäre. Wie im Bereich der Öl-Förderung müssen Rohdaten zunächst veredelt werden, ansonsten diese nicht verwertbar sind (Schwarz 2019, S. 39).

1.1.4 Wirtschaftliche Bedeutung

Informationen hat es schon immer gegeben und digitale Daten in einem Datenbanksystem zu erfassen ist an und für sich nichts Neues. Längst geben zahlreiche Unternehmen Personen- oder Kundendaten in Computern ein oder lassen ihre Verkäufe durch Scannerkassen registrieren. Der Begriff Big Data ist in den Neunzigern entstanden, was zeigt, dass es sich hierbei nicht bloss um ein Modewort aus der Gegenwart handelt, sondern sich Unternehmen schon damals mit grossen Datenmengen konfrontiert sahen. Erst die jüngsten technologischen Fortschritte und die damit einhergehende Digitalisierung der Gesellschaft haben dazu geführt, dass es zu einer regelrechten Explosion von Daten gekommen ist, die einem Unternehmen dank den neusten IT-Infrastrukturen zu Analysezwecken zur Verfügung stehen. Während die Verarbeitung und Verwaltung der Daten früher regelmässig autonom unter der Verantwortung der jeweiligen Abteilung geschah, wird die Frage nach dem Umgang mit Big Data heutzutage meist von der *Unternehmensleitung* bzw. vom *Management* beantwortet. Schliesslich stellen die Vereinheitlichung sowie Konsolidierung von aus unterschiedlichen Quellen stammenden Daten gerade Hauptaspekte von Big Data dar, sodass gestützt darauf konzernübergreifende (strategische) Entscheidungen getroffen werden können (Bachem 2016, S. 28; Bauer und Günzel 2013, S. 6; Schwarz 2019, S. 28 f.; Verhoef et al. 2016, S. 1 f.).

Weshalb Big Data erst heute ein vieldiskutierter und populärer Begriff geworden ist, lässt sich insbesondere auf den technologischen Stand zurückführen. Die jüngsten Entwicklungen sind geprägt durch mehr Rechenleistung, mehr Speicherplatz sowie mehr Datendurchsatz auf immer kleinerem Raum zu stetig sinkenden Kosten. Die heute verfügbaren Rechenleistungen machen es möglich, eine sinnvolle Auswertung von immens grossen Datenmengen vorzunehmen (Bachem 2016, S. 28 f., Schwarz 2019, S. 29).

Ein wichtiger Treiber der Digitalisierung ist die Allgegenwart des Internets, welches die Erzeugung digitaler Daten massiv gefördert hat. So kann ein Unternehmen, welches sich online präsentiert, bereits Unmengen von Daten registrieren und später – bspw. für Marketingzwecke – auswerten. Zu denken ist etwa an Suchmaschinenstatistiken, Kampagnendaten, Social Media Statistiken oder

Logdaten, welche u. a. das Nutzverhalten von Web-Besuchern protokollieren. Des Weiteren hat sich das *World Wide Web* zu einem der wichtigsten, global agierenden Marktplätze für den Waren- und Dienstleistungsverkehr entwickelt (Bachem 2016, S. 28 f.; Schwarz 2019, S. 30; Verhoef et al. 2016, S. 1 f.). Onlineplattformen sind ein massgeblicher Bestandteil der Distribution geworden, obwohl sie an der eigentlichen Leistungserbringung gar nicht beteiligt sind (Wölfle und Leimstoll 2019, S. IX). Auf CHF 9.5 Mrd. beziffern der Verband des Schweizerischen Versandhandels (VSV) und das Marktforschungsinstitut GfK Switzerland den Wert der 2018 im Online- und Distanzhandel bestellten Waren mit Empfängeradresse in der Schweiz. Auf weitere CHF 250 Mio. wird der Wert der Onlinebestellungen geschätzt, die Schweizer und Schweizerinnen von ausländischen Anbietern an eine grenznahe Abholstation senden lassen und selbst in die Schweiz einführen. Die insgesamt CHF 9.75 Mrd. liegen mit gleicher Steigerungsrate wie im Vorjahr um 10 % über dem entsprechenden Vorjahreswert. Werden die Zahlen mit der Entwicklung in Deutschland verglichen, so wuchs im Jahre 2018 der deutsche E-Commerce mit Waren etwas schwächer, nämlich um 9.1 % auf EUR 53.3 Mrd. Dies geht aus den Zahlen hervor, die der Handelsverband Deutschland (HDE) für 2018 publizierte (Wölfle und Leimstoll 2019, S. 2 f.). Diese enormen Zahlen über den globalen Handel zeigen, wie bedeutend die aus dem Internet gewonnene Datensätze für ein Unternehmen sein können, sofern diese richtig eingesetzt werden (Schwarz 2019, S. 30).

Big Data bietet für Unternehmen eine veränderte Form der Wertschöpfung. Es erscheint somit nur folgerichtig, dass zu den drei konventionellen Produktionsfaktoren *Boden, Arbeit* und *Kapital* heute vermehrt *Informationen* als vierte Säule hinzugenommen wird (Bauer und Günzel 2013, S. 6; Schwarz 2019, S. 39).

1.2   Rechtliche Grundlagen

1.2.1   Bedeutung der Jahresrechnung

Daten können für Unternehmen wertvoll sein. Für die Beantwortung der Frage, *wie wertvoll* Daten für ein Unternehmen sind, erscheint es naheliegend und sachgerecht, hierfür einen Blick in die Jahresrechnung zu werfen. Die Jahresrechnung bildet Grundlage dafür, die wirtschaftliche Lage eines Unternehmens beurteilen und angemessen einschätzen zu können. Bedeutung hat die Jahresrechnung indes nicht nur für Investoren, Kreditgeber oder Vertragspartner, sondern auch der Fiskus stützt sich im Rahmen der Gewinn- und Kapitalbesteuerung in erster Linie auf die dort präsentierten Zahlen ab. Sowohl in der Schweiz als auch in Deutschland ist das Verhältnis zwischen dem Handels- und dem Steuerrecht *de lege lata* durch den *Grundsatz der Massgeblichkeit* der handelsrechtlichen Rechnungslegung geprägt (Mayer 2005, S. 149 ff. und 168 ff.; Schwarz 2019, S. 55).

1.2.2 OR vs. IFRS

Aus Schweizerischer Sicht unterliegen gemäss Art. 957 Abs. 1 des Obligationenrechts (OR) insbesondere juristische Personen der umfassenden Pflicht zur Buchführung und Rechnungslegung. Als juristische Personen gelten – unabhängig ihrer Grösse – die Aktiengesellschaft, die Kommanditaktiengesellschaft, die Gesellschaft mit beschränkter Haftung sowie die Genossenschaft (Altorfer et al. 2014/2015, S. 525). Die Pflicht zur Buchführung und Rechnungslegung umfasst die Erstellung einer Bilanz, einer Erfolgsrechnung sowie eines Anhangs. Derartige Rechtsträger sind je nach wirtschaftlicher Bedeutung, Rechtsform des Unternehmens sowie Struktur der Unternehmensgruppe allenfalls verpflichtet, zusätzlich die Bestimmungen zur *Rechnungslegung für grössere Unternehmen* (Art. 961 ff. OR), zum *Abschluss nach anerkanntem Standard zur Rechnungslegung* (Art. 962 ff. OR) sowie zur *Konzernrechnung* (Art. 963 OR) zu beachten (Greter und Zihler 2019, Art. 957 N 4 f.; Schwarz 2019, S. 62). Art. 962 OR legt fest, welche Unternehmen zur Erstellung eines Einzelabschlusses nach anerkanntem Standard zur Rechnungslegung verpflichtet sind. Betroffen sind zunächst Gesellschaften, deren Beteiligungspapiere an einer Börse kotiert sind, sofern die Börse dies verlangt (dies gilt etwa für die Swiss Infrastructure and Exchange [SIX]). Des Weiteren können Gesellschafter, die mindestens 20 % des Grundkapitals vertreten, einen Abschluss nach anerkanntem Standard verlangen. Die Pflicht entfällt, wenn eine Konzernrechnung anhand eines solchen Standards erstellt wird (Schwarz 2019, S. 65).

Der Schweizerische Bundesrat hat insbesondere die "*International Financial Standards*" (*IFRS*) des *International Accounting Standards Board (IASB)* als Standard anerkannt. Unternehmen, welche von Art. 962 OR erfasst sind, unterstehen somit dem *Dualismus* zwischen der Jahresrechnung nach OR sowie dem Abschluss nach anerkanntem Standard (engl. *dual reporting*) (Schwarz 2019, S. 66).

Fazit

Die technologischen Fortschritte haben dazu beigetragen, dass Unternehmen die tägliche Datenflut bewältigen und zu ihrem Vorteil nutzen können. Die Datenflut besteht mehrheitlich aus Rohdaten, wobei zur Erkenntnisgewinnung regelmässig ein Veredelungsmechanismus notwendig erscheint. Sind die Daten einmal veredelt, können diese für Unternehmen eine Quelle der

Wertschöpfung darstellen. Es stellt sich demnach die naheliegende Frage, ob und inwiefern Daten wie Vermögenswerte zu behandeln sind, die in einer Bilanz angesetzt werden können. Im Vordergrund der nachfolgenden Ausführungen stehen die Bilanzierungsregeln nach OR sowie nach IFRS, wobei insbesondere auf die Unterschiede zwischen diesen beiden Regelwerken einzugehen sein wird.

Literatur

Altorfer, Jürg, Fabian Duss, und Michael Felber. 2014/2015. Die steuerliche Gewinnermittlung unter neuem Rechnungslegungsrecht. *Archiv für Schweizerisches Abgaberecht (ASA)*. 83:521 ff.

Bachem, Christian. 2016. Big Data, ein Missverständnis? Oder: Warum Daten erst sprechen, wenn man über sie spricht. In *Big Data im Marketing. Chancen und Möglichkeiten für eine effektive Kundenansprache*, Hrsg. Torsten Schwarz. Haufe: Freiburg.

Bauer, Andreas, und Holger Günzel, Hrsg. 2013. *Data Warehouse Systeme, Architektur, Entwicklung, Anwendung*. Heidelberg: dpunkt.

Burkhalter, Roland. 2003. *Massgeblichkeitsgrundsatz.* Der steuerrechtliche Massgeblichkeitsgrundsatz im Lichte der Entwicklung der Rechnungslegung. Diss. St. Gallen: Haupt.

Frier, Sarah. 2016. *Facebook revenue, users top estimates as mobile ads surge.* https://www.bloomberg.com/news/articles/2016-07-27/facebook-sales-user-growth-top-estimates-as-mobile-ads-surge. Zugegriffen: 1. Sept. 2019.

Greter, Marco, und Florian Zihler. 2019. Art. 957. In *Rechnungslegung nach Obligationenrecht – veb.ch Praxiskommentar*, Hrsg. Dieter Pfaff, Stephan Glanz, Thomas Stenz und Florian Zihler. Zürich: veb.ch.

Kargl, Walter. 2017. § 202a. In *Nomos Kommentar*. Strafgesetzbuch. Besonderer Teil §§ 80–231, Hrsg. Urs Kindhäuser, Ulfrid Neumann und Hans-Ullrich Paeffgen. Baden-Baden: Nomos.

Lipp, Lorenz. 2013. Art. 957 ff. In *Handkommentar zum Schweizerischen Privatrecht (CHK)*. Ergänzungsband: Revidierte Rechnungslegung 2013. Zürich: Schulthess.

Mayer, Stefan. 2005. Entwicklung der Massgeblichkeit in Deutschland. In *Steuerliche Massgeblichkeit in Deutschland und Europa*, Hrsg. Wolfgang Schön. Köln: Dr. Otto Schmidt.

Neuhaus, Markus R., und Christoph Schärer. 2016. Art. 957 f. In *Basler Kommentar zum Schweizerischen Privatrecht*. Obligationenrecht II (Art. 530–964 OR, Art. 1–6 SchlT, Art. 1–11 Übest GmbH). Basel: Helbing Lichtenhahn.

Rosenthal, David, und Yvonne Jöhri. 2008. *Handkommentar zum Datenschutzgesetz sowie weiteren, ausgewählten Bestimmungen*. Zürich: Schulthess.

Rudin, Beat. 2015. In *Stämpflis Handkommentar (SHK) zum Datenschutzgesetz (DSG)*, Hrsg. Bruno Baeriswyl und Kurt Pärli. Bern: Stämpfli.

Schneck, Ottmar. 2014. *Lexikon der Betriebswirtschaft. 3000 grundlegende und aktuelle Begriffe für Studium und Beruf*. München: Beck.

Schwarz, Angelica Maria. 2019. *Die handels- und steuerrechtliche Behandlung von Daten.* Unter besonderer Berücksichtigung von verrechnungspreislichen Aspekten im internationalen Konzernverhältnis. Diss. Zürich: Stämpfli.

Verhoef, C. Peter, Edwin Kooge, und Natasha Walk. 2016. *Creating value with big data analytics.* Making smarter marketing decisions. London: Routledge.

Vossen, Gottfried. 2016. Big Data: Daten sammeln, aggregieren, analysieren, nutzen. In *Big Data Marketing. Chancen und Möglichkeiten für eine effektive Kundenansprache*, Hrsg. Torsten Schwarz. Freibug: Haufe.

Weissenberger, Philippe. 2013. Art. 143. In *Basler Kommentar.* Strafrecht II (Art. 111–392 StGB), Hrsg. Marcel Alexander Niggli und Hans Wiprächtiger. Basel: Helbing Lichtenhahn.

Wölfe, Ralf, und Uwe Leimstoll. 2019. *E-Commerce Report Schweiz 2019.* Digitalisierung im Vertrieb an Konsumenten. Eine qualitative Studie aus Sicht der Anbieter. Basel: Fachhochschule Nordwestschweiz (FHNW).

Bilanzierung von Daten nach OR

2

2.1 Allgemeines zum Regelwerk

2.1.1 Dogmatischer Aufbau

Das OR-Rechnungslegungsrecht ist als ein in sich geschlossenes hierarchisches Normengebilde zu betrachten. Die Rechnungslegung baut auf der Buchführung auf. Erst anhand der Buchführung, mit welcher die relevanten Geschäftsvorfälle erfasst werden, können die Vermögens-, Finanzierungs- sowie Ertragslage im Rahmen der Rechnungslegung ermittelt und ausgewiesen werden. Die gesetzlichen Bestimmungen zur Rechnungslegung lassen sich sodann in *vier* hierarchische Stufen einreihen: Als oberste Hierarchiestufe figuriert Art. 958 Abs. 1 OR, welcher den Zweck der Rechnungslegung bestimmt. Demzufolge soll die wirtschaftliche Lage des Unternehmens so dargestellt werden, dass sich Dritte ein *zuverlässiges Urteil* darüber bilden können. Die Bestimmungen zu den Grundlagen der Rechnungslegung (Art. 958a und Art. 958b OR) sowie die Grundsätze ordnungsmässiger Rechnungslegung (Art. 958c Abs. 1 OR) bilden die zweite Hierarchiestufe. Es folgen die Bestimmungen zur Aktivierungsfähigkeit, wobei Art. 959 Abs. 1 OR eine Definition für Aktiven und Art. 959 Abs. 5 OR eine Definition für Verbindlichkeiten enthält. Die letzte und vierte Hierarchiestufe stellen die übrigen Rechnungslegungsvorschriften zur Gliederung, Bewertung sowie zum Ausweis dar (Nösberger und Boemle 2014, S. 11 ff.; Schwarz 2019, S. 69 f.).

© Springer Fachmedien Wiesbaden GmbH, ein Teil von Springer Nature 2020 11
A. M. Schwarz, *Bilanzierung von Daten,* essentials,
https://doi.org/10.1007/978-3-658-28908-9_2

2.1.2 Auslegungsmechanismus

Die Hierarchiestufen sind so zu verstehen, dass ausgehend vom allgemeinen Zweck der Rechnungslegung die Normen immer detaillierter werden. Die Anerkennung des OR-Rechnungslegungsrechts als ein umfassendes Normensystem hat im Hinblick auf die Auslegung der einzelnen Gesetzesartikel zur Folge, dass diese im Sinne ihrer jeweiligen Hierarchiestufen auszulegen sind. Mithin sind die detaillierteren Normen so auszulegen, dass diese im Einklang mit dem Zweckartikel sowie den Grundlagen der Rechnungslegung und Grundsätze ordnungsmässiger Rechnungslegung stehen (Nösberger und Boemle 2014, S. 11 ff.; Schwarz 2019, S. 70).

Mit der jüngsten Revision des OR-Rechnungslegungsrechts (2013) hat somit keine Übernahme der IFRS stattgefunden, wenngleich einige Begriffe dieser beiden Regelwerke identisch sind. Im Rahmen der Auslegung ist das eigenständige und in sich geschlossene OR-Normenwerk zu respektieren. Das unbedachte Heranziehen der IFRS als Auslegungsmittel mag zwar bequem erscheinen, doch erscheint dieses Vorgehen nicht immer sachgerecht und im Einklang mit der Normenhierarchie zu sein.

2.2 Bilanztechnische Aktivierung

2.2.1 Allgemeine Aktivierungsvoraussetzungen

Gemäss Art. 959 Abs. 1 OR stellt die Bilanz die Vermögens- und Finanzierungslage des Unternehmens am Bilanzstichtag dar. Sie gliedert sich in Aktiven und Passiven. Abs. 2 dieser Bestimmung sieht vor, dass als Aktiven sämtliche *Vermögenswerte* bilanziert werden müssen, wenn aufgrund *vergangener Ereignisse* über sie *verfügt* werden kann, ein *Mittelzufluss wahrscheinlich* ist und ihr Wert *verlässlich geschätzt* werden kann. Andere Vermögenswerte dürfen nicht bilanziert werden.

2.2.1.1 Vermögenswert

Gestützt auf Art. 959 Abs. 2 OR kann nur ein *Vermögenswert* als Aktivum in der Bilanz erfasst werden. Als Vermögenswert gilt die Gesamtheit der dem Unternehmen zuzuordnenden, identifizierbaren und in Geld bewertbaren *Nutzenpotenziale.* Erfasst werden somit wirtschaftliche Nutzleistungen, über die das Unternehmen gemäss den Schätzungen am Bilanzstichtag zukünftig sowie ohne weitere Gegenleistung verfügen kann (Böckli 2019, S. 82 f.; Lipp 2013, Art. 959 OR N 10; Neuhaus und Geber 2016, Art. 959 OR N 16; Schwarz 2019, S. 108).

Nutzenpotenziale können sowohl *materieller* als auch *immaterieller* Natur sein. Als materiell gelten sämtliche körperlichen Werte. Immaterielle (nicht monetäre) Werte hingegen weisen keine physische Substanz auf, sind aber dennoch identifizierbar. Unter Bezugnahme auf das OR-Rechnungslegungsrecht wird von vielen Autoren der Grundsatz postuliert, dass nur die von Dritten entgeltlich erworbenen und identifizierbaren immateriellen Werte aktivierungsfähig sind, da diese einen „Markttest" bestanden haben (sog. *derivative immaterielle Werte*). Der Erwerb stellt somit ein verlässlicher Anhaltspunkt für die Beurteilung eines Nutzenpotenzials dar. Ob selbsterarbeite immaterielle Werte als aktivierungsfähig gelten, wird in der Doktrin kontrovers diskutiert (sog. *originäre immaterielle Werte*). Begründet wird die ablehnende Haltung insbesondere damit, dass aufgrund eines fehlenden Leistungsaustausches keine verlässlich messbaren Anschaffungskosten vorliegen. Es gilt hierbei indes zu beachten, dass das OR-Rechnungslegungsrecht *kein* ausdrückliches und grundsätzliches Aktivierungsverbot solcher Werte statuiert (Schwarz 2019, S. 109 ff. m.w.H.). Ein generelles Verbot erscheint nach Auffassung der Autorin mit dem Gesetzeswortlaut somit nicht vereinbar zu sein – stattdessen bedarf es vielmehr einer Einzelfallwürdigung (wenngleich die Anwendung der rechnungslegungsrechtlichen Regeln wohl oftmals dazu führen dürfte, dass die Voraussetzungen für eine Aktivierung nicht gegeben sind).

2.2.1.2 Verfügungsmacht

Nach herrschender Praxis hat im Rahmen der Beurteilung der *Verfügungsmacht* eine wirtschaftliche Betrachtungsweise zu erfolgen. Es ist somit nicht auf das (sachen-)rechtliche, sondern auf das *wirtschaftliche Eigentum* abzustellen (Neuhaus und Geber 2016, Art. 959 OR N 17; Schwarz 2019, S. 114).

2.2.1.3 Aufgrund vergangener Ereignisse

Gestützt auf den Wortlaut von Art. 959 Abs. 2 OR muss das Unternehmen *aufgrund vergangener Ereignisse* Verfügungsmacht über den infrage stehenden Vermögenswert haben. Die Ertragsquelle muss somit aufgrund von Sachverhalten oder Geschäftsvorfällen vor dem Bilanzstichtag zugefallen sein (Lipp 2013, Art. 969 OR N 23). Die Bestimmung bezweckt eine Vorwegnahme von zukünftigen Buchungen, wenngleich mit dem Eintritt des Ereignisses gerechnet wird (Schwarz 2019, S. 115).

2.2.1.4 Wahrscheinlichkeit Mittelzufluss

Als Mittel gelten jegliche Zuflüsse von wirtschaftlichem Nutzen. Der Grad der Sicherheit beurteilt sich zum Zeitpunkt der Bilanzerstellung (Lipp 2013, Art. 959 OR N 24). Nach Ansicht der Autorin ist der Begriff *„wahrscheinlich"* nicht mit dem in IAS 37.15 verwendete Ausdruck *„more likely than not"* gleichbedeutend. *„More likely than not"* impliziert eine Wahrscheinlichkeit von über 50 %. Unter Berücksichtigung dessen, dass das OR-Rechnungslegungsrecht ein in sich geschlossenes und auf dem Vorsichtsprinzip aufbauendes Normenwerk darstellt, ist eine Eintrittswahrscheinlichkeit von *deutlich über 50 %* zu verlangen (Neuhaus und Geber 2016, Art. 959 N 19; Lipp 2013, Art. 959 N 25; Stefani 2019, Art. 959 N 15; Schwarz 2019, S. 116).

Doch was heisst nun *„deutlich über 50 %"*? Muss eine Eintrittswahrscheinlichkeit bei 70 %, 80 % oder gar 90 % liegen (Schwarz 2019, S. 117)? Eine exakte und punktgenaue Formulierung des Masses der geforderten Wahrscheinlichkeit erscheint nicht möglich – die Juristerei lässt sich (zumindest in diesem Punkt) nicht mathematisch erschliessen. Im Rahmen der Konkretisierung des *„sehr wahrscheinlichen Mittelzuflusses"* kommt den Grundsätzen ordnungsmässiger Rechnungslegung eine wichtige Rolle zu. Gestützt auf das Prinzip der Verlässlichkeit (Art. 958c Abs. 1 Ziff. 3 OR) sowie das oben genannte Vorsichtsprinzip (Art. 958c Abs. 1 Ziff. 5 OR) sind möglichst hohe Anforderungen an die Wahrscheinlichkeit zu stellen. Namentlich darf die Einschätzung nicht willkürlich erfolgen, sondern muss sich nach objektiven Kriterien (z. B. Erfahrungswerte, Marktsituation, rechtliche Ansprüche, etc.) richten, wobei mit Ungewissheiten vorsichtig umzugehen ist. Schliesslich darf nicht vergessen werden, dass die Ermessensentscheidung sich auch nach dem Informationsbedürfnis richten muss, zumal Bilanzen gerade eine Informationsfunktion zukommen. Bei der Informationsvermittlung gilt zu berücksichtigen, dass der Zweckartikel nach OR-Rechnungslegungsrecht (Art. 958 Abs. 1 OR) „nur" verlangt, dass sich Dritte ein zuverlässiges Urteil über die wirtschaftliche Lage des Unternehmens bilden können müssen – eine Darstellung nach den tatsächlichen Verhältnissen wird mithin nicht gefordert (Schwarz 2019, S. 118 f.).

2.2.1.5 Verlässlich schätzbarer Wert

Als abschliessendes Kriterium verlangt das Gesetz, dass eine *verlässliche Schätzung* des anzusetzenden Werts vorgenommen werden kann. Diese Voraussetzung ist insbesondere bei Anschaffung erfüllt (Neuhaus und Geber 2016, Art. 959 N 21). Im Grunde genommen basiert die Jahresrechnung ohnehin auf Schätzungen. Das OR-Rechnungslegungsrecht verlangt mithin nicht, dass eine absolut verlässliche Bewertung vorgenommen werden muss. Auch hier ist der

Begriff der „Verlässlichkeit" namentlich im Sinne der Grundsätze der ordnungsmässigen Rechnungslegung (Art. 958c OR) auszulegen. So verlangt das Vorsichtsprinzip, dass die Schätzung auf einer Grundlage basiert, die verlässlich und wahrheitsgetreu ist. Liegen keine Anschaffungswerte vor, so kann eine Schätzung gestützt auf eine Kostenrechnung angezeigt sein.

Unter dem Kriterium der verlässlichen Schätzung wird teilweise auch eine gewisse Wertbeständigkeit verlangt. Der Wert des zu aktivierenden Gegenstands muss entsprechend von Dauer sein – und zwar absehbar weit über den nächsten Bilanzstichtag hinaus. Liegt keine solche Wertbeständigkeit vor, so muss das besondere *Wertzerfallspotenzial* geschätzt und subtrahiert werden (Böckli 2019, S. 85; Schwarz 2019, S. 122).

2.2.2 Bilanztechnische Aktivierung von Daten

2.2.2.1 Vorfragen

Beschaffenheit von Daten

Dass in digitaler Form gehaltene Daten für sich alleine betrachtet keine körperlichen Gegenstände darstellen, scheint auf den ersten Blick einleuchtend zu sein. Nun verhält es sich indes so, dass Daten oftmals mit anderen körperlichen Sachen in Erscheinung treten. Dies gilt namentlich für digitale Daten, die auf einem *Datenträger* gespeichert sind (Schwarz 2019, S. 129).

Der Erhalt sowie die Verfügbarmachung von Daten erfolgt unter Mithilfe eines geeigneten *Mediums*. Datenträger (z. B. USB-Sticks, CD's, Festplatten, Chipkarten, etc.) stellen derartige Medien dar. Die darauf gespeicherten digitalen Daten sind für Menschen nur mithilfe dieser körperlichen Sachen wahrnehmbar und zugänglich. Insofern könnte die Auffassung vertreten werden, dass Daten nur in verkörperter Form existieren. Die Diskussion, ob Daten dadurch zu materiellen Gegenständen werden, wird derzeit auch im Rahmen der Debatte, ob ein Sacheigentum an Daten *de lege lata* möglich ist, geführt (vgl. etwa Eckert 2016, S. 245 ff.). Auch aus Sicht des Rechnungslegungsrechts kann schnell der Eindruck entstehen, dass Datenträger und die darauf gespeicherten Daten eine *Einheit* bilden (müssen). In Bezug auf die rechtliche Beurteilung der Beschaffenheit von Daten hätte dies zur Folge, dass diese mitsamt dem Datenträger entweder als materielles oder immaterielles Gut zu behandeln wären.

Das OR-Rechnungslegungsrecht äussert sich nicht zur Frage, wie eine Abgrenzung zwischen materiellen und immateriellen Werten vorzunehmen ist, wenn die Beschaffenheit sowohl körperliche als auch nicht körperliche Elemente aufweist. Eine Antwort lässt sich weder aus dem Zweckartikel noch aus den Grundsätzen ordnungsmässiger Rechnungslegung ableiten. Eine Schweizerische Usanz bzw. Praxis hat sich (noch) nicht entwickelt. Es erscheint demnach gerechtfertigt, einen Blick in die IFRS als Inspirationsquelle zu werfen: Gemäss IAS 38.04 können einige immaterielle Vermögenswerte sowohl eine physische als auch eine nicht physische Substanz aufweisen. Dies ist bspw. bei einer CD (im Fall von Computersoftware), bei einem Rechtsdokument (im Falle einer Lizenz oder eines Patents) oder bei einem Film der Fall. Bei der Feststellung, ob ein Vermögenswert als Sachanlage oder als immaterieller Vermögenswert zu behandeln ist, beurteilt das Unternehmen nach eigenem Ermessen. Dabei hat es abzuwägen, welches Element *wesentlicher* ist. Eine derartige Wesentlichkeitsbeurteilung erscheint mit den Grundsätzen des OR-Rechnungslegungsrechts vereinbar und im Einklang zu sein. Namentlich bedeutet der in Art. Art. 958c Abs. 1 Ziff. 4 OR enthaltene Grundsatz der Wesentlichkeit, dass Punkte von vergleichsweise geringer Bedeutung weggelassen werden können, um keine detailüberladene Berichterstattung vor sich zu haben (Böckli 2019, S. 44; Müller et al. 2019, Art. 958c N 44).

In Bezug auf das Verhältnis zwischen Daten und ihren Datenträgern ergibt das Gesagte folgendes: Ein Datenträger ist dafür bestimmt, Daten zu *tragen*. Die Funktionsfähigkeit des körperlichen Trägers ist jedoch keineswegs von den gespeicherten Daten abhängig. Dem Datenträger kommt einzig eine Speicherfunktion zu. Gewiss besteht ein betrieblicher Zusammenhang, dies bedeutet jedoch nicht, dass sich deswegen eine einheitliche Behandlung aufdrängt. Eine Unterordnung der immateriellen Substanz der Daten ist somit weder nötig noch sinnvoll. Zu absurden Ergebnissen würde eine Unterordnung der Daten namentlich im Falle des *Cloud Computing* führen: Im Unterschied zu Datenträgern fehlt es für den Anwender einer Cloud an einem körperlichen Element. Sofern die Daten nicht zusätzlich auf dem eigenen Rechner oder dergleichen abgespeichert werden, sind diese nur über das Internet verfügbar. Hinzu kommt, dass der Anwender oftmals gar nicht weiss, wo sich die Server bzw. die ganze IT-Infrastruktur (die nicht einmal im eigenen Besitz oder Eigentum stehen müssen) hinter der Cloud befinden. Ginge nun der immaterielle Charakter von Daten durch die körperliche Natur ihres Datenträgers verloren, so müssten Informationen auf einem USB-Stick anders behandelt werden als solche, die bspw. auf Dropbox hochgeladen werden. Dies wäre ein inkohärentes Ergebnis, zumal die Daten – ob nun auf einem Datenträger oder in einer Cloud gespeichert – die gleichen sind und entsprechend auch den gleichen Informationsgehalt haben (Schwarz 2019, S. 131 f.).

Vielmehr dürfte im Regelfall der Datenträger integraler Bestandteil der Daten bilden (und nicht umgekehrt). Die damit einhergehende Abhängigkeit der Funktionsfähigkeit darf jedoch nicht dazu führen, in pauschaler Weise sämtliche Datenträger den Daten unterordnen zu wollen. Die Funktionsfähigkeit ist lediglich ein Indiz bzw. ein Abgrenzungsmerkmal, welches in die Wesentlichkeitsbeurteilung miteinzubeziehen ist. Dass ein USB-Stick den sich darauf befindenden Daten unterzuordnen ist, erscheint gerechtfertigt, zumal dieses Gerät nur dazu bestimmt ist, Daten zu speichern. Anders kann die Beurteilung jedoch bei einem Computer erfolgen, dessen Festplatte ebenfalls als ein Datenspeicher in Betracht kommt. Den Computer prinzipiell den Daten unterordnen zu wollen, erscheint unsachgemäss, zumal dieses Gerät nicht einzig dazu dient, Daten zu speichern. Um im Rahmen der Wesentlichkeitsbeurteilung von einer untergeordneten Bedeutung ausgehen zu können, ist somit nicht nur auf die Abhängigkeit der Funktionsfähigkeit abzustellen, sondern es sind auch die *übrigen Funktionen,* welche dem infrage stehenden Datenträger zukommen, in Betracht zu ziehen (Schwarz 2019, S. 132).

Aus dem Gesagten folgt, dass der immaterielle Charakter von Daten auch dann bestehen bleibt, wenn der jeweilige Datenträger (oder das Blatt Papier, auf welches es gedruckt wird) eine körperliche Substanz aufweist. Umgekehrt kann der Datenträger seinen materiellen Charakter verlieren, wenn er gegenüber den von ihm getragenen Daten eine untergeordnete Bedeutung hat. Einem Datenträger kommt insbesondere dann eine untergeordnete Bedeutung zu, wenn seine Funktionen darauf beschränkt sind, Daten zu speichern (Schwarz 2019, S. 132 f.).

Verhältnis von Daten zueinander

Wie einführend bereits geschildert, werden Daten einem Veredelungsprozess unterzogen, damit sie einer Analyse zugänglich gemacht werden können. Das Ergebnis dieser Analyse sind *Erkenntnisse,* welche oftmals in digitaler Form bestehen. Die Erkenntnisse resultieren demnach aus einer *Anwendung* der Datenbestände. Auf diese Weise gelangt das Unternehmen zu neuem Wissen, neuen Informationen, neuen Daten. Es stellt sich somit die Frage, wie sich die ursprünglichen Daten (Ausgangsinformationen) zu den neu generierten Daten verhalten bzw. ob diese Informationen aus Sicht des Rechnungslegungsrechts allesamt als eine Einheit zu behandeln oder zu separieren sind (Schwarz 2019, S. 138). Die Antwort auf diese Frage hängt im Wesentlichen davon ab, ob eine digitale Wertschöpfungskette oder eine physische Wertschöpfungskette mit digitalen Wertschöpfungsaktivitäten besteht.

Digitale Wertschöpfungskette

Durch den Prozess der Datenveredelung gewinnen Rohdaten für ein Unternehmen an Wert. Freilich können bereits Rohdaten Nutzenpotenziale aufweisen. Gerade im Bereich von Big Data, in welchem es um grosse Mengen von oftmals unstrukturierten Zufallsdaten geht, kommt dem Prozess der Datenveredelung eine fundamentale Rolle zu. Schliesslich wird erst dadurch eine sinnvolle Analyse der Datenbestände ermöglicht. Sofern ein Unternehmen die ihm zur Verfügung stehenden Rohdaten nicht weiterveräussern oder nutzen kann, sind diese i. d. R. nutz- bzw. wertlos. Daraus folgt, dass Daten nicht per se einen Wert haben müssen. Vielmehr findet erst durch den Veredelungsprozess eine Wertschöpfung statt. Am Ende dieser sog. *digitalen Wertschöpfungskette* steht die Erkenntnis im Sinne eines *Informationsprodukts* (Schwarz 2019, S. 138 f.) (Abb. 2.1).

Aus der digitalen Wertschöpfungskette wird deutlich, dass die neuen Erkenntnisse ein Folgeprodukt der veredelten Daten und die veredelten Daten ein Folgeprodukt der Rohdaten sind. Anders als bei der Produktion von materiellen Gegenständen geht bei Daten ihr ursprünglicher Zustand jedoch nicht verloren. Dies hängt damit zusammen, dass digitale Produkte einfach reproduzierbar sind, ohne dass die Vervielfältigung die Qualität der Daten mindert. Entsprechend werden in der Praxis auch oftmals *Sicherungskopien* erstellt und es werden jeweils *Kopien* der ursprünglichen Daten transformiert bzw. weiterverarbeitet. Weil der Wert der vorangehenden Informationsprodukte im Folgeprodukt enthalten ist, würde eine separate Aktivierung zu einer *doppelten* Erfassung des Werts führen. Aus Sicht des Rechnungslegungsrechts sind somit sämtliche Daten innerhalb der digitalen Wertschöpfungskette als eine Einheit zu behandeln. Zu bemerken ist indes, dass obschon die Aktivierungsfähigkeit von sämtlichen Daten innerhalb der digitalen Wertschöpfungskette konsolidiert zu prüfen ist, dies nicht zwingend bedeutet, dass diese auch konsolidiert in der Bilanz dargestellt werden müssen. Eine Untergliederung in *Rohdaten, semi-veredelte Daten* sowie *veredelte Daten* ist durchaus denkbar und mag in manchen Fällen wohl sogar gerechtfertigt erscheinen (Schwarz 2019, S. 139 ff.).

Physische Wertschöpfungskette mit digitalen Wertschöpfungsaktivitäten

Im Rahmen der Digitalisierung von Geschäftsprozessen kann eine physische Wertschöpfungskette mit einer digitalen (informatorische) Wertschöpfungskette angereichert werden (Kreutzer 2016, S. 49). In diesem Fall lässt sich die digitale Wertschöpfungskette nicht immer leicht erkennen. Dass auch Unternehmen, welche traditionellerweise im Produktionssektor anzusiedeln sind, die Möglichkeit der Digitalisierung nutzen, lässt sich beispielhaft anhand der Automobilindustrie aufzeigen: Hier wird die physische Wertschöpfungskette immer mehr durch die digitale Wertschöpfungskette ergänzt. Dies geschieht, indem das Fahrzeug selbst immer mehr digitalisiert wird. Moderne Fahrzeuge werden vermehrt mit Sensoren ausgestattet, welche die Autohersteller regelmässig mit Daten über Fahrverhalten (z. B. Anzahl Gurtstraffungen), Verschleisszustände, Verbrauch, GPS-Positionen und viele andere Parameter liefern. Gestützt darauf sind die Hersteller in der Lage, den Fahrer über Multimediasysteme mit gefilterten, situationsrelevanten

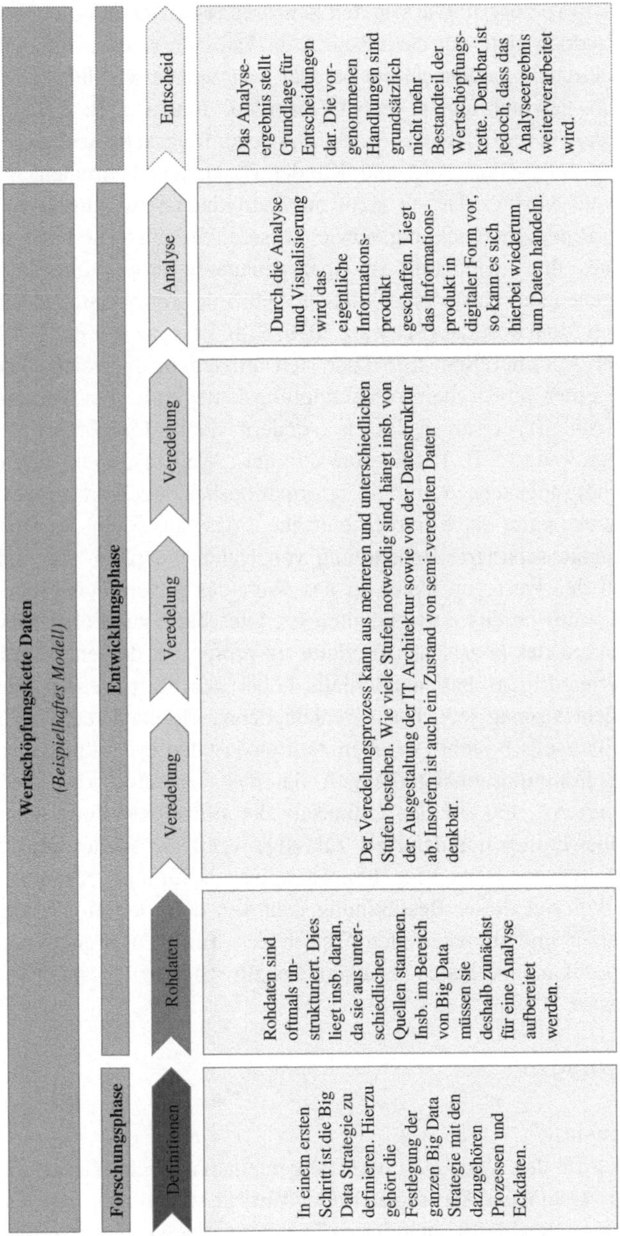

Abb. 2.1 Beispielhafte Wertschöpfungskette bei Daten. (Quelle: Schwarz 2019, S. 139)

Informationen zu versorgen. Die von den Sensoren registrierten und übermittelten Daten dienen jedoch nicht nur dazu, sog. After-Sales-Services anzubieten – viele dieser Informationen können bereits bei der Fahrzeugentwicklung sowie Fahrzeugproduktion gewinnbringend genutzt werden, indem z. B. Effizienz- und Effektivitätsreserven in der bestehenden Wertschöpfungskette realisiert werden. Analytisches Kunden-Clustering und Kundenwissen aus Fahrdaten, Werkstattdaten und Social Media erlauben nicht nur individualisierte Angebote, sondern auch gezielte Produktentwicklung sowie bessere Verkaufs- und Ausstattungsprognosen. Dies führt wiederum zu einer genaueren Produktionsplanung und damit einhergehenden Kosteneinsparungen. Für die Autohersteller stellt dies einen konkreten Mehrwert dar (Schwarz 2019, S. 141 f.; Stricker et al. 2014).

Anhand der Automobilindustrie lässt sich aufzeigen, dass sich Daten nicht nur am Ende einer physischen Wertschöpfungskette (z. B. bei Verkaufs- oder Marketingaktivitäten) einsetzen lassen, sondern deren Integration bereits zu Beginn erfolgen kann (z. B. Produktionsaktivität). Weil in diesem Fall die physische Wertschöpfungskette durch die informationsbasierte Wertschöpfungskette angereichert wird, kann der Eindruck entstehen, dass aus Sicht des Rechnungslegungsrechts eine separierte Behandlung von Daten gar nicht erst in Betracht kommt, zumal der Wert von Daten in den Wert des physischen Produkts miteinfliesst und somit bereits dort enthalten ist. Dies hätte zur Folge, dass einzig die Aktivierbarkeit des physischen Produkts zu prüfen ist, dessen Wert aufgrund der digitalisierten Eigenschaften allenfalls höher geschätzt werden kann. Eine derartige Ansicht vermag jedoch aus verschiedenen Gründen rechtlich nicht zu überzeugen. Einerseits besteht zwischen dem physischen Produkt und den Daten i. d. R. keine Funktionsabhängigkeit. Andererseits statuiert das Rechnungslegungsrecht mit Art. 960 OR den Grundsatz der Einzelbewertung. Danach gilt eine Gruppenbewertung nur dann als zulässig, wenn die Werte aufgrund ihrer Gleichartigkeit für die Bewertung üblicherweise als Gruppe zusammengefasst werden. Der Wortlaut dieser Bestimmung geht von einer klaren Trennung zwischen materiellen und immateriellen Werten aus. Eine Zusammenfassung von physischen Produkten und Daten erscheint deshalb schon aus diesem Grund nicht möglich (Schwarz 2019, S. 142 f.).

Abgrenzungsfragen

Daten vs. Know-how

Unter dem Begriff des *Know-how* wird allgemeinsprachlich Wissen, Erfahrung oder Kenntnis verstanden. Als immaterieller Wert lässt sich auch das Know-how aktivieren, sofern die hierfür statuierten Voraussetzungen gegeben sind. Daten müssen nicht zwingend Know-how sein. Einem Unternehmen, welchem zwar massenweise Rohdaten zur Verfügung stehen, diese jedoch aufgrund der Datenstruktur nicht analysieren kann, ist auch nicht in der Lage, Rückschlüsse aus diesen Datensammlungen zu ziehen. Es fehlt somit an Wissen. Anders verhält es sich, wenn das Unternehmen IT-Prozesse zur Datenverarbeitung implementiert hat und anhand der Analyseergebnisse Kundenverhalten vorhersagen kann. Die Analyseergebnisse, welche wiederum in Form von Daten bestehen, schaffen Wissen. Als solche dienen sie als Grundlage für weitere unternehmerische Entscheidungen. In einem solchen Fall stellen Daten Wissen dar und sind unter Berücksichtigung der Ansatzkriterien zu aktivieren. Sind Daten und Know-how identisch, so wird nachfolgend gleichwohl der Datenbegriff verwendet, zumal damit die Grundlage, aus welcher das Wissen bezogen wird, besser veranschaulicht wird. Bei Daten handelt es sich schliesslich nicht um Wissen, welches lediglich in den Köpfen der Mitarbeiter vorhanden ist. Vielmehr hat sich dieses Wissen in digitaler Form befestigt (Schwarz 2019, S. 144 f.).

Daten vs. Goodwill

Ebenfalls zu den immateriellen Werten gehört der Goodwill, welcher auch Firmen- oder Geschäftsmehrwert genannt wird. Ein Goodwill resultiert i. d. R. durch nicht aktivierungsfähige Vermögenswerte wie z. B. überdurchschnittliche Ertragskraft, positive Zukunftserwartungen, Kundenstamm, Ruf der Unternehmung, Qualität der Mitarbeiter und des Managements sowie einer effizienten Organisation (Boemle und Lutz 2008, S. 338; Schwarz 2019, S. 145). Know-how kann zum Goodwill beitragen. Weil – wie oben beschrieben – Daten unter Umständen Know-how darstellen können, vermögen auch diese zu einem Goodwill zu führen. Vorliegend gilt es jedoch zu untersuchen, ob und unter welchen Voraussetzungen Daten *selbstständig* aktivierungsfähig sind. Ob ein Käufer bereit ist, ein allfällig nicht bilanzierungsfähiges Datenpaket oder Datenprojekt im Rahmen eines Goodwills zu vergüten, ist keine rechtliche, sondern eine unternehmerische Entscheidung (Schwarz 2019, S. 145).

Daten vs. Kundenlisten und Vergleichbares

Informationen, die sich auf Kunden beziehen, können in Form von Kundenlisten gehalten werden. Zu denken ist etwa an eine (digitale) Liste, welche Name, (Mail-)Adresse oder Telefonnummern von sämtlichen Kunden aufführt. In die Kategorie von Kundenlisten fallen auch solche (digitalen) Zusammenstellungen oder Verzeichnisse, aus denen sich übrige kundenbezogene Angaben wie etwa Auftragsbestand, Kundenbeziehungen oder vereinbarte Rabatte ergeben. Digital gehaltene Listen über Kunden und kundenbezogenen Angaben sind ebenfalls

Daten. Auch sie können Grundlage für unternehmerische Entscheidungen dienen. Mit Big Data hat dies jedoch noch nichts zu tun. Wie eingangs erwähnt, stehen vorliegend solche Daten im Vordergrund, die im Zusammenhang mit einer Big Data Strategie einen oftmals aufwendigen und kostspieligen Veredelungsprozess durchlaufen haben, sodass sie für das Unternehmen einen beträchtlichen Wert aufweisen können. Gestützt auf eine einfache Kundenliste lassen sich hingegen noch keine personalisierten Werbungen aufschalten und Kaufentscheide auslösen (Schwarz 2019, S. 145 f.). Entsprechend haben Kundenlisten regelmässig als nicht aktivierbare immaterielle Werte zu gelten (vgl. hierzu etwa IAS 38.63 und 38.64).

Drittrechte

Die Rechtsnatur von Daten ist sowohl *de lege lata* als auch *de lege ferenda* ungeklärt. Namentlich besteht in der Doktrin Uneinigkeit darüber, ob und unter welchen Voraussetzungen ein Dateneigentum überhaupt möglich ist. Aus Sicht des OR-Rechnungslegungsrechts stellt sich die Frage, ob mögliche Drittrechte an Daten einen direkten Einfluss auf deren Aktivierbarkeit hat. Nach der hier vertretenen Auffassung ist eine *wirtschaftliche Betrachtungsweise* anzustellen, denn nur eine solche vermag dem Erfordernis von Art. 958 Abs. 1 OR gerecht zu werden. Demnach soll die Rechnungslegung die wirtschaftliche Lage des Unternehmens so darstellen, dass sich Dritte ein zuverlässiges Urteil bilden können. Dies führt namentlich dazu, dass trotz fehlender rechtlicher Verfügungsmacht auch Leasinggüter zu aktivieren sind, sofern die hierfür vorgesehenen Ansatzkriterien erfüllt sind. Auch bei Daten ist somit auf das *wirtschaftliche* und nicht auf das *zivile* Eigentum abzustellen. Es widerspricht den Grundsätzen des OR-Rechnungslegungsrechts, wenn Daten deshalb nicht aktiviert werden, um damit allfälligen Risiken im Sinne von Rechtsansprüchen von Dritten Rechnung zu tragen. Dies bedeutet hingegen nicht, dass derartige Risiken bilanziell gar nicht berücksichtigt werden müssen. Dies erfolgt jedoch nicht über die Aktivierungsfrage, sondern mittels Wertberichtigungen und Rückstellungen (Schwarz 2019, S. 173 ff.).

2.2.2.2 Vermögenswert

Weil der Informationsgehalt von Daten derart unterschiedlich sein kann, weisen sie nicht für jedes Unternehmen den gleichen Nutzen auf. Bspw. haben Patienteninformationen (ungeachtet allfälliger datenschutzrechtlicher Aspekte) für ein Pharmaunternehmen einen anderen Stellenwert als für eine Marketingabteilung eines Online-Buchhändlers. Ob ein Vermögenswert vorliegt oder nicht, ist aus einer *subjektiven Betrachtungsweise* zu eruieren. M. a. W. ist aus der Optik des bilanzierungspflichtigen Unternehmens zu entscheiden, ob und in welchem Umfang ein Nutzenpotenzial vorliegt. Freilich könnte dem entgegengehalten werden, dass ein derartiges Vorgehen das Risiko schafft, dass die Beurteilung der Aktivierungsfähigkeit in eine rein subjektiv geprägte Sphäre verschoben wird, wodurch Jahresrechnungen an Vergleichskraft verlieren könnten. Das Risiko ist jedoch aus zwei Gründen zu relativieren: Zum einen stellt die Rechnungslegung per se keine exakte Wissenschaft dar und zum anderen ist das Vorliegen eines Nutzenpotenzials nicht die einzige Aktivierungsvoraussetzung. Namentlich bedingt das Erfordernis des wahrscheinlichen Mittelzuflusses, dass die potenziellen Ertragsquellen mit geeigneten Dokumentationen oder Berechnungen zu belegen sind (Schwarz 2019, S. 149 f.).

Die Ausführungen zeigen, dass die Beschaffenheit von Daten grundsätzlich immaterieller Natur ist. In wirtschaftlicher Hinsicht kann ein Unternehmen aus einer Datensammlung dann einen potenziellen Nutzen ziehen, wenn diese – mittelbar oder unmittelbar – zu einer potenziellen *Gewinnsteigerung, Gewinnerhaltung, Verlustvermeidung* oder *Verlustverminderung* führt. Mit dem richtigen Einsatz von Daten lassen sich grundsätzlich all diese wirtschaftlichen Nutzenpotenziale erreichen. Weil Daten einen unterschiedlichen Informationsgehalt sowie eine unterschiedliche strukturelle Beschaffenheit aufweisen können, hat der Einsatz nicht nach einem bestimmten Schema zu erfolgen – vielmehr variiert die Verwendung je nach Branche und den konkreten Zielvorstellungen eines Unternehmens. Es sind hier mannigfaltige Fälle denkbar, die vorliegend nicht abschliessend dargestellt werden können. Nichtsdestotrotz kann die *typische* Datenverwendung in drei *grobe* Kategorien unterteilt werden:

1. Datenveräusserung
2. Datenanalyse
3. Einräumung von Nutzungsrechten

Datenveräusserung

Bei der *Datenveräusserung* verkauft das Unternehmen seine Datenbestände ähnlich wie ein Produkt. Indizien, die dafür sprechen, dass eine Nachfrage am Markt angenommen werden kann, dass der für eine spezifische Branche besonders nützliche oder wertvolle Informationsgehalt der Daten sein. Denkbar ist aber auch, dass der aktuelle Markt bereits mit solchen Daten gehandelt hat. Konkrete Kauf- bzw. Verkaufsangebote oder gar Marktstudien zur Belegung dieser Nachfrage bedarf es nicht, zumal das Nutzenpotenzial eine Geschäftschance beschreibt und entsprechend keinen sicheren wirtschaftlichen Erfolg voraussetzt. Aufgrund der subjektiven Betrachtungsweise ist jedoch zu beachten, dass das Unternehmen auch die *Absicht* haben muss, das Nutzenpotenzial auszuschöpfen (Schwarz 2019, S. 151 f.).

Datenanalyse

Die *Datenanalyse* umfasst Konstellationen, in denen das Unternehmen seine Datenbestände in einer Weise verarbeitet, sodass diese einer Analyse zugänglich gemacht werden können. Sinn und Zweck dieses Vorgehens ist die Gewinnung von neuen Erkenntnissen, die wiederum als Grundlage für geschäftsrelevante Entscheidungen dienen sollen. Die Einsatzmöglichkeiten sind vielseitig. Eine Versicherung kann etwa die ihr zur Verfügung stehenden Daten mit einer geeigneten Software einsetzen, um Betrugsfälle zu entdecken. Auf diese Weise wird das Risiko des Zahlungsfalles reduziert, was wiederum zu einer Kosteneinsparung führen kann. Eine Marketingabteilung dürfte eher darauf bedacht sein, die Daten für eine zielgerichtete und personalisierte Werbeplatzierung einzusetzen, in der Hoffnung, eine Steigerung der Verkaufszahlen bewirken zu können (Schwarz 2019, S. 153 f.).

Nun stellt sich aber die Frage, wie das oben erwähnte Versicherungsunternehmen überhaupt erkennen kann, wie viele Versicherungsbetrüger Dank der Datenanalyse erkannt werden konnten. Gleiches gilt für die oben erwähnte Marketingabteilung, die sich ebenfalls die Frage stellt, welche Kunden Dank der personalisierten Werbeschaltung das besagte Produkt erworben haben. Auch hier sind Daten die Antwort. Namentlich geht es um die Erhebung solcher Daten, welche eine Analyse der aus der ursprünglichen Datenanalyse gewonnen Erkenntnisse ermöglicht. Erfolgt keine solche Analyse, so ist eine Zustands- und Kausalitätsanalyse vorzunehmen. An dieser Stelle sei zu erwähnen, dass es bei der Beurteilung des Vermögenswerts darum geht, das Nutzenpotenzial lediglich festzustellen. Eine Quantifizierung hat namentlich im Rahmen der Bewertung zu erfolgen (Schwarz 2019, S. 154 f.) (Abb. 2.2).

Bei der sog. *Zustandsanalyse* geht um einen Vergleich zwischen dem Zustand mit und demjenigen ohne Daten. Je nachdem, für welche unternehmerischen Bereiche die Daten analysiert werden, unterscheidet sich der Fokus auf den konkreten Analysebereich. Lässt sich eine Umsatzsteigerung feststellen, so stellt sich weiter die Frage, ob die für das Kollaborationstool verwendeten Daten hierfür ursächlich sind. Zwischen den Daten und dem wirtschaftlichen Nutzenpotenzial bedarf es somit eines genügenden Konnexes, was durch eine sog. *Kausalitäts- analyse* festgestellt werden kann. Die Belegung der Kausalität gelingt am einfachsten, indem das Unternehmen die hierfür erforderlichen Daten sammelt (Schwarz 2019, S. 155 f.).

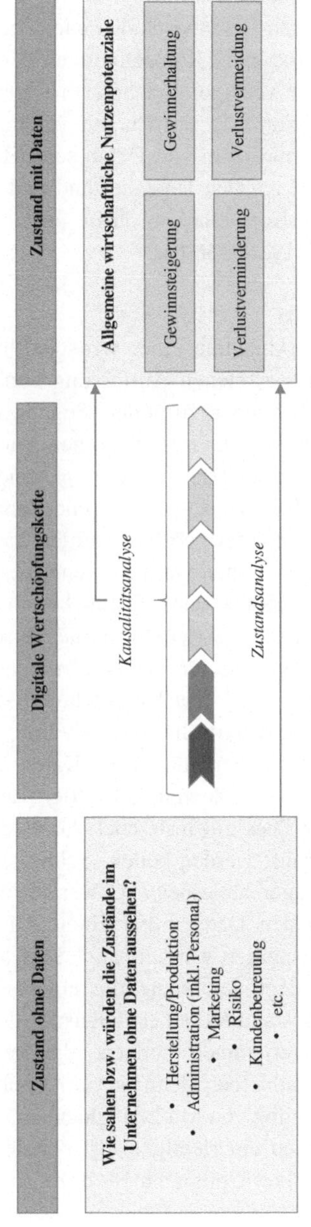

Abb. 2.2 Erkennen von Nutzenpotenzialen durch Zustands- und Kausalitätsanalyse. (Quelle: Schwarz 2019, S. 155)

Einräumung von Nutzungsrechten

Ein Unternehmen kann an ihren Datenbeständen auch *Nutzungsrechte* gewähren. In diesem Zusammenhang sind zwei Konstellationen denkbar: Zum einen kann ein Unternehmen die ihm zur Verfügung stehenden Daten einer Drittperson zur Nutzung überlassen und hierfür z. B. ein Entgelt verlangen. Das Unternehmen kann jedoch auch selbst Nutzniesserin von Daten sein. Hierfür bezahlt sie einen Preis und erhält dafür Zugriff auf den Datenbestand und die damit verbundenen Analyseergebnisse. Letztere Konstellation dürfte insb. bei Konzernstrukturen anzutreffen sein. (Schwarz 2019, S. 156 f.).

2.2.2.3 Verfügungsmacht

Grundvoraussetzung für die Annahme einer wirtschaftlichen Verfügungsmacht bei Daten ist nach der hier vertretenen Auffassung zunächst einmal, dass das Unternehmen einen physischen oder virtuellen Zugang dazu haben muss. Ein *physischer* Zugang liegt etwa vor, wenn das Unternehmen Zutritt zu einem Raum hat, in welchem sich die auf einem Trägermedium gespeicherten Daten befinden. Als einfaches Beispiel kann hier der abgeschlossene Raum genannt werden, der via einem (biometrischen) Schlüssel geöffnet werden kann. Von einem *virtuellen* Zugang kann hingegen gesprochen werden, wenn dieser durch eine Software als Sicherungsmechanismus gewährt wird. Damit kommt insb. die Verwendung von Firewalls, Zugangscodes, Passwörtern oder die Verschlüsselung von Daten infrage. Der Zugang alleine genügt für die Begründung der Verfügungsmacht indes noch nicht. Schliesslich muss das Unternehmen zusätzlich die Möglichkeit haben, die Daten zu seinem wirtschaftlichen Vorteil zu *nutzen*. Ein Nutzen liegt insb. dann vor, wenn das Unternehmen die Daten abspeichern kann, denn nur auf diese Weise können sie jederzeit konsultiert, abgeändert, ausgedruckt oder neu kombiniert werden. Dies gilt insb. auch für solche Daten, die in einem unbearbeiteten Zustand verkauft werden sollen. Schliesslich müssen auch diese zunächst auf einem Datenträger abgespeichert werden, damit sie transaktionsfähig sind. Der Zugang zu den Daten nützt einem Unternehmen somit noch nichts, wenn über sie nicht disponiert werden kann (Schwarz 2019, S. 158).

Keine Verfügungsmacht liegt vor, wenn die einem Unternehmen zur Verfügung stehenden Daten Bestandteil einer Dienstleistung sind. Als Beispiel lassen sich Datensammelunternehmen nennen, die gestützt auf ihre Daten Marketing-Dienstleistungen anbieten. Derartige Unternehmen unterstützen ihre Kunden bspw. in der Bestimmung von Marketingkanälen, sodass die angebotenen Produkte oder Dienstleistungen am richtigen Ort platziert werden. Entschliesst sich das bilanzierungspflichtige Unternehmen dazu, die Angebote derartiger

Datensammlungsunternehmen in Anspruch zu nehmen, so übt sie zu keinem Zeitpunkt eine Verfügungsmacht über die Daten aus. Die Handlungen beschränken sich auf die Inanspruchnahme der Dienstleistung, die durchaus datenbasiert erfolgen kann (Schwarz 2019, S. 159).

Interessant ist die Frage, ob eine Verfügungsmacht auch an widerrechtlich erlangten Daten begründet werden kann. In diesem Zusammenhang stehen etwa datenschutzrechtliche Bestimmungen im Vordergrund. Nach der hier vertretenen Auffassung führt eine konsequente Anwendung der wirtschaftlichen Betrachtungsweise zu einer grundsätzlichen Aktivierbarkeit von widerrechtlich erlangten Daten, sofern die hierfür vorgesehenen übrigen Kriterien (namentlich ein wahrscheinlicher Mittelzufluss) erfüllt sind. Das diesen Daten behaftete *Risiko* (welches z. B. in Form einer Verlustbarkeit zufolge eines Löschungsanspruchs bestehen kann) ist vielmehr auf der Passivseite (z. B. anhand von Rückstellungen) abzubilden.

2.2.2.4 Aufgrund vergangener Ereignisse

Das Erfordernis, wonach das bilanzierungspflichtige Unternehmen aufgrund *vergangener Ereignisse* die Verfügungsmacht über den infrage stehenden Vermögenswert haben muss, bezweckt, dass keine zukünftigen Ereignisse in die Bilanz Eingang finden, die eine Buchung vorwegnehmen würden (Böckli 2019, S. 83). Die aktivierungsfähigen Ausgaben, die im Zusammenhang mit der Big Data Strategie aufgewendet wurden, müssen somit im entsprechenden Geschäftsjahr angefallen sein. Weder können bereits in früheren Jahren verrechnete Aufwendungen noch geplante Ausgaben in der Bilanz oder Erfolgsrechnung angesetzt werden.

2.2.2.5 Wahrscheinlichkeit Mittelzufluss

Dass Daten für Unternehmen auf unterschiedliche Weise zu einem wirtschaftlichen Nutzen führen können, haben die bisherigen Ausführungen mehr als deutlich gezeigt. Damit Daten als aktivierungsfähige Vermögenswerte gelten, genügt es nicht, dass diese für das Unternehmen lediglich zu einem potenziellen Nutzen führen, vielmehr hat der potenzielle Nutzen auch genügend wahrscheinlich zu sein (anders etwas unter den IFRS wie nachfolgend noch darauf einzugehen sein wird). Die Beurteilung, ob die einem Unternehmen zur Verfügung stehenden Daten zu einem genügend wahrscheinlichen Mittelzufluss führen, ist wesentlich davon beeinflusst, ob diese bereits einen ersten Markttest überstanden haben oder nicht. Es ist somit zu unterscheiden, ob die Daten den *derivativen* oder *originären* immateriellen Werten zuzuordnen sind (Schwarz 2019, S. 160).

Diese Unterscheidung lässt sich nicht immer einfach vornehmen – dies gilt insbesondere dann, wenn ein Unternehmen Rohdaten oder semi-veredelte Daten erwirbt, um sie später intern zu verarbeiten bzw. weiterzuverarbeiten. Stellen die Daten gesamthaft ein einziges Informationsprodukt dar, weisen sie in diesem Fall sowohl derivative als auch originäre Elemente auf (Schwarz 2019, S. 160).

Nach der hier vertretenen Auffassung ist bei der Abgrenzung zwischen derivativen und originären Daten folgendes zu beachten: Werden Daten im rohen oder semi-veredelten Stadium rechtsgeschäftlich erworben und werden diese in der Folge nur leicht (weiter-)verarbeitet, sind diese den derivativen immateriellen Werten zuzuordnen. Begründen lässt sich dies deshalb, weil der Verarbeitungsprozess i. d. R. die Struktur und die Lesbarkeit der Ursprungsdaten besser und nicht schlechter macht. Wichtig ist hierbei, dass der Informationsgehalt in seinen Grundzügen jedoch bereits in den Ursprungsdaten enthalten sein muss, wobei sich dieser durch den Verarbeitungsprozess nicht wesentlich verändern darf. Der Verarbeitungsprozess darf somit lediglich dazu dienen, die Lesbarkeit und Präsentierbarkeit der Ursprungsdaten zu fördern bzw. verbessern. In diesem Fall lässt sich der Markttest, welcher für die Ursprungsdaten stattgefunden hat, auf die späteren Daten übertragen. Von derivativen immateriellen Werten kann dann nicht ausgegangen werden, wenn der Verarbeitungsprozess derart komplex, aufwendig oder wesentlich ist, sodass der Anteil des Erwerbs hinter denjenigen der Selbstentwicklung rückt (Schwarz 2019, S. 161).

Daten als derivative immaterielle Werte

Werden Daten im Rahmen eines Rechtsgeschäfts erworben, sind diese als derivative immaterielle zu Werte zu behandeln. Dabei gilt als Rechtsgeschäft nicht nur der Kauf, sondern auch der Tausch (Schwarz 2019, S. 162). Bei derivativ erworbene Daten ist regelmässig davon auszugehen, dass ein Mittelzufluss wahrscheinlich ist, zumal die Entscheide von gewinnorientierten Unternehmen in der Regel auf ökonomischen Erwägungen beruhen dürften. Dies gilt namentlich in solchen Fällen, in denen das Rechtsgeschäft unter unabhängigen Dritten (um somit nicht konzernintern) abgeschlossen wurde.

Daten als originäre immaterielle Werte

Als originäre immaterielle Werte gelten Daten dann, wenn sie selbst erarbeitet sind. Eine selbstständige Erarbeitung liegt insb. dann vor, wenn die Daten selbst erhoben wurden und die wesentlichen Aktivitäten innerhalb der Wertschöpfungskette im Unternehmen selbst stattfinden. Eine Auslagerung einzelner Wertschöpfungsaktivitäten führt nicht automatisch dazu, dass den Daten ein derivativer Charakter zukommt, sofern das Unternehmen diese in Auftrag gibt (Schwarz 2019, S. 163).

Wie bereits erwähnt, wird vorliegend die Meinung vertreten, dass es unter Berücksichtigung der Dogmatik des OR-Rechnungslegungsrechts verfehlt erscheint, die Aktivierbarkeit von originären immateriellen Werten per se zu verneinen. Vielmehr ist im Einzelfall zu bestimmen, ob ein Mittelzufluss wahrscheinlich ist oder nicht. Die Wahrscheinlichkeit des Mittelzuflusses hängt bei Daten stark von ihrem Verwendungszweck ab. Können Daten zu einem über ihren Herstellungskosten liegenden Preis veräussert werden, so führt dies selbstredend zu einem Mittelzufluss. Wahrscheinlich ist ein solcher insbesondere dann, wenn gewichtige Gründe vorliegen, die für einen möglichen Verkauf sprechen. Dies setzt grundlegend einmal voraus, dass für die infrage stehenden Daten ein Markt besteht. Daten, welche einer Datenanalyse dienen, vermögen dann zu einem genügend wahrscheinlichen Mittelzufluss zu führen, wenn diese den Veredelungsprozess erfolgreich durchlaufen haben und die Abfrageergebnisse geeignet sind, Grundlage von unternehmerischen Entscheidungen zu bilden. Entscheidend ist hier, in welchem Verarbeitungsstadium sich die Daten befinden. Verfolgt ein bilanzierungspflichtige Unternehmen eine Big Data Strategie, doch stehen diesem zum Bilanzierungszeitpunkt nur Rohdaten oder semi-veredelte Daten zur Verfügung, so erfüllen diese das Erfordernis eines genügend wahrscheinlichen Mittelzuflusses nicht und können nach vorliegender Auffassung nicht bilanziert werden. Zu prüfen wäre allenfalls, ob aktivierbare Forschungs- und Entwicklungskosten vorliegen (Schwarz 2019, S. 163 f.).

2.2.2.6 Verlässlich schätzbarer Wert

Handelt es sich bei den infrage stehenden Daten um derivative immaterielle Werte, so lässt sich aus den Anschaffungskosten ein verlässlich schätzbarer Wert ableiten. Schwieriger lässt sich ein Wert ableiten, wenn es sich bei den Daten um originäre immaterielle Werte handelt. Anhand von Herstellungskosten kann eine verlässliche Schätzung nur dann vorgenommen werden, wenn diese den Daten zugeordnet werden können. Wie später noch darauf einzugehen sein wird, fehlt es bei Forschungskosten an einer solchen Zuordenbarkeit. Bei den Herstellungskosten muss es sich somit um Entwicklungskosten handeln (Schwarz 2019, S. 165).

Wird für das Erfordernis eines verlässlich schätzbaren Werts zusätzlich eine gewisse Wertbeständigkeit verlangt, so muss der Wert der zu aktivierenden Daten von Dauer sein (vgl. Böckli 2019, S. 85). Nach der hier vertretenen Auffassung ist das Statuieren eines solchen zusätzlichen Erfordernisses insbesondere bei

Daten angezeigt, zumal im Bereich Big Data die Aktualität solcher Informationen eine wesentliche Rolle spielt. Je nachdem, wie fraglich die Wertbeständigkeit von Daten erscheint, ist der potenzielle Wertzerfall zu schätzen und vom Wert der Ersterfassung abzuziehen (vgl. Böckli 2019, S. 85). Wie hoch der Wertzerfall betragsmässig anzusetzen ist, betrifft jedoch nicht mehr die Aktivierungs-, sondern die Bewertungsfrage.

2.2.2.7 Daten als Gegenstand von Forschung und Entwicklung

Problemstellung

Forschung und Entwicklung (F&E) schaffen Innovationen. Innovationen sind geprägt durch neue Erkenntnisse, die ein Unternehmen gewinnbringend einsetzen bzw. verwenden kann. Tätigkeiten im Bereich von F&E verursachen oftmals Kosten, wobei sich aus handelsrechtlicher Sicht die Frage stellt, ob sich diese in der Bilanz aktivieren lassen. Aus dem OR-Rechnungslegungsrecht lässt sich keine spezifische Antwort ableiten – vielmehr gelangen die allgemeinen Aktivierungsvoraussetzungen zur Anwendung. Anders sieht die Regelungsdichte im Regelwerk des IASB aus: Zur Prüfung der Aktivierungsfähigkeit müssen gemäss IAS 38.52 selbst geschaffene immaterielle Vermögenswerte zwingend in eine Forschungs- und Entwicklungsphase unterteilt werden. Während für Forschungskosten ein generelles Aktivierungsverbot gilt (vgl. IAS 38.54), dürfen (wenn nicht gar müssen) Entwicklungskosten dann angesetzt werden, wenn nachgewiesen werden kann, dass ein voraussichtlicher künftiger wirtschaftlicher Nutzen besteht. Dies ist darauf zurückzuführen, dass ein Projekt in der Entwicklungsphase weiter vorangeschritten ist als in der Forschungsphase (IAS 38. 58). Es stellt sich die Frage, ob und in welchem Umfang im Rahmen des OR-Rechnungslegungsrechts auf die Bestimmungen des IAS zurückgegriffen werden kann bzw. darf.

Lösungsansatz im OR-Rechnungslegungsrechts

In der schweizerischen Doktrin wird die Aktivierungsfähigkeit von Forschungskosten mehrheitlich *verneint*. Dieser strikten Haltung liegt die Aussage zugrunde, dass ein Nutzenzufluss während der Forschungsphase nicht ausreichend messbar ist (Schwarz 2019, S. 124 m.w.H.). Dieser Auffassung ist vorliegend zuzustimmen, wobei sich das grundsätzliche Aktivierungsverbot nicht daraus ergibt, dass auf die Bestimmungen gemäss IAS 38 zurückgegriffen wird, sondern die vom OR-Rechnungslegungsrecht verlangte Wahrscheinlichkeit des Mittelzuflusses nicht nachweisbar ist. Kosten für Forschungsaktivitäten können schlichtweg (noch) keinem bestimmten Vermögenswert zugeordnet werden, ansonsten sie schon als Entwicklungsaktivitäten zu bezeichnen sind.

Bei Entwicklungskosten hat das infrage stehende Projekt somit ein gewisses Stadium erreicht. Anders als bei den Forschungskosten spricht sich die schweizerische Doktrin für eine grundsätzliche Aktivierungsfähigkeit aus. Begründet wird dies unter anderem damit, dass der Innovationsprozess derart fortgeschritten ist, dass eine Zuordnung der Kosten zu einem bestimmten Vermögenswert nun grundsätzlich möglich erscheint, wobei zuweilen diesbezüglich oftmals auf IAS 38.57 verwiesen wird (Schwarz 2019, S. 126 m.w.H.). Nach der hier vertretenen Auffassung ist auch hier ein Rückgriff auf die Bestimmungen des IAS 38 nicht zwingend nötig, da sich eine Lösung vielmehr direkt aus dem OR-Rechnungslegungsrecht ableiten lässt. Dabei führt ein Abstellen auf die OR-Ansatzkriterien zu sehr ähnlichen Kriterien, wie diese in IAS 38.57 aufgeführt sind. So verlangt auch das Erfordernis des wahrscheinlichen Mittelzuflusses, dass das Unternehmen nachweisen muss, dass der infrage stehende immaterielle Vermögenswert technisch realisierbar ist und die Fertigstellung denn auch beabsichtigt wird.

Fazit

Die Ausführungen haben gezeigt, dass nicht nur Daten, sondern bereits ein sich in der Entwicklungsphase befindendes Datenprojekt unter gewissen Voraussetzungen aktiviert werden kann. Hierfür ist insb. erforderlich, dass die Entwicklung bzw. die IT-Architektur bereits derart fortgeschritten ist, sodass die ersten Testläufe im Zusammenhang mit der Datenerhebung sowie der Datenanalyse vorgenommen werden können. Sobald das Datenprojekt dieses Stadium erreicht hat, können die für den Aufbau getätigten Investitionen einem identifizierbaren immateriellen Vermögenswert zugeordnet werden (Schwarz 2019, S. 170).

Literatur

Böckli, Peter. 2019. *OR-Rechnungslegung*. Zürich: Schulthess.

Boemle, Max, und Ralf Lutz. 2008. *Der Jahresabschluss*. Zürich: SKV.

Eckert, Martin. 2016. Digitale Daten als Wirtschaftsgut: Digitale Daten als Sachen. *Schweizerische Juristen-Zeitung (SJZ)* 112:245 ff.

Kreutzer, Ralf T. 2016. Treiber und Hintergründe der digitalen Transformation. In *Digitale Transformation von Geschäftsmodellen: Grundlagen, Instrumente und Best Practices*, Hrsg. Daniel Schallmo, Andreas Rusnjak, Johanna Anzengruber, Thomas Werani, und Michael Jünger, 33 ff. Wiesbaden: Gabler.

Lipp, Lorenz. 2013. Art. 957 ff. OR. In *Handkommentar zum Schweizerischen Privatrecht (CHK)*, Hrsg. Roberto Vito und Trüeb Hans Rudolf. Ergänzungsband: Revidierte Rechnungslegung 2013. Zürich: Schulthess.

Müller, Lukas, David P. Henry, und Peter Barmettler. 2019. Art. 958c. In *Rechnungslegung nach Obligationenrecht – veb.ch Praxiskommentar*, Hrsg. Dieter Pfaff, Stephan Glanz, Thomas Stenz, und Florian Zihler. Zürich: veb.ch.

Neuhaus, Markus R., und Rodolfo Gerber. 2016. Art. 959 f. OR. In *Basler Kommentar zum Schweizerischen Privatrecht*, Hrsg. Heinrich Honsell, Nedim Peter Vogt, und Rolf Watter. Basel: Helbing Lichtenhahn.

Nösberger, Thomas, und Max Boemle. 2014. Konzeption des neuen Rechnungslegungsrechts. *Der Schweizer Treuhänder* 1–2 (14): 11–17.

Schwarz, Angelica Maria. 2019. *Die handels- und steuerrechtliche Behandlung von Daten*. Unter besonderer Berücksichtigung von verrechnungspreislichen Aspekten im internationalen Konzernverhältnis. Diss. Zürich: Stämpfli.

Stefani, Ulrike. 2019. Art. 959. In *Rechnungslegung nach Obligationenrecht – veb.ch Praxiskommentar*, Hrsg. Dieter Pfaff, Stephan Glanz, Thomas Stenz, und Florian Zihler. Zürich: veb.ch.

Stricker, Klaus, Rasmus Wegener und Markus Anding. 2014. *Big Data revolutioniert die Automobilindustrie*. https://www.bain.com/de/insights/big-data-in-the-automotive-industry/. Zugegriffen: 1. Sept. 2019.

Bilanzierung von Daten nach IFRS 3

3.1 Allgemeines zum Regelwerk

3.1.1 Aufbau

Das Regelwerk des IASB besteht aus drei Kernelementen: Die *Einzelstandards* (IAS bzw. IFRS) enthalten die Regeln zu Ansatz, Bewertung, Ausweis und Erläuterung der Posten der Rechnungslegung. Die Einzelstandards werden in Detailfragen insbesondere durch *Interpretationen* bzw. *Auslegungsbeschlüsse* (SIC bzw. IFRIC) oder gegebenenfalls durch *Anwendungsleitlinien* ergänzt. Das *Rahmenkonzept* enthält übergreifende Überlegungen, etwa zum Zweck und zu Grundanforderungen der Rechnungslegung sowie zur Definition der Gegenstände der Rechnungslegung (Bilanzierungsobjekte, etc.) (Lüdenbach et al. 2019, § 1 N 1 f.).

3.1.2 Konzept

3.1.2.1 True and fair view

Als oberste Aufgabe von IFRS-Abschlüssen gilt der Grundsatz, die Vermögens-, Finanz- und Ertragslage sowie die Mittelzu- und -abflüsse eines Unternehmens den *tatsächlichen Verhältnissen* entsprechend abzubilden. Abgesehen von seltenen Ausnahmen führt die Anwendung der IFRS vermutungsweise zu Abschlüssen, die das verlangte tatsächliche Bild der wirtschaftlichen Lage eines Unternehmens zeichnen (vgl. IAS 1.15 und IAS 1.19) (Zülch und Hendler 2019, S. XVI). Dieses Konzept wird auch als *true and fair view* bezeichnet.

© Springer Fachmedien Wiesbaden GmbH, ein Teil von Springer Nature 2020   33
A. M. Schwarz, *Bilanzierung von Daten*, essentials,
https://doi.org/10.1007/978-3-658-28908-9_3

3.1.2.2 Vorsichtsprinzip

Während im Rahmenkonzept für die Finanzberichterstattung 1989 noch das Vorsichtsprinzip verankert war, wurde es in der Fassung 2010 aufgegeben. Begründend brachte der IASB vor, dass ein solches Prinzip den Anforderungen an eine glaubwürdige und somit neutrale Darstellung nicht gerecht werden kann, was letztendlich wiederum dem Konzept *true and fair view* widerspricht (Lüdenbach et al. 2019, § 1 N 17). Die Streichung des Vorsichtsprinzips blieb indes nicht ohne Kritik, weshalb im Rahmen der jüngsten Revisionsvorhaben vielfach vorgebracht wurde, dass Investoren mehr an Verlustrisiken als an Wertsteigerungspotenziale bekümmert sind, wodurch eine Wiederaufnahme des Vorsichtsprinzips gerechtfertigt erscheint (vgl. IASB Conceptual Framework for Financial Reporting, Draft ED/2015/3, BC 2.1 ff.). Das Rahmenkonzept für die Finanzberichterstattung 2018 enthält nun folgenden Wortlaut (Ziff. 2.16):

> *"Neutrality is supported by the exercise of prudence. Prudence is the exercise of caution when making judgements under conditions of uncertainty. The exercise of prudence means that assets and income are not overstated and liabilities and expenses are not understated. Equally, the exercise of prudence does not allow for the understatement of assets or income or the overstatement of liabilities or expenses. Such misstatements can lead to the overstatement or understatement of income or expenses in future periods."*

Es stellt sich nun die Frage, ob das hier erfasste *prudence principle* mit dem Vorsichtsprinzip gleichgesetzt werden kann. Nach der hier vertretenen Auffassung erscheint es der Konzeption und der dogmatischen Entwicklung der IFRS als verfehlt, den Begriff *prudence* mit dem Begriff *Vorsicht* apodiktisch gleichsetzen zu wollen. Übersetzt bedeutet der Begriff *prudence* nicht nur *Vorsicht,* sondern auch *Besonnenheit.* Eben gerade diese Besonnenheit zeichnet sich durch eine Sorgfältigkeit aus, welche gerade ein willkürliches Handeln (z. B. im Sinne einer bewussten Unterbewertung) verbieten will. Unter Berücksichtigung der Konzeption der IFRS hat das *prudence principle* somit im Einklang mit dem *true and fair view principle* zu stehen und ist auch in diesem Sinne auszulegen.

Durch das Rahmenkonzept für die Finanzberichterstattung 2018 wurde somit kein Vorsichtsprinzip eingeführt, welches die grundlegende Konzeption der IFRS zu verändern vermag. Dies schliesst indes nicht aus, dass das Vorsichtsprinzip nicht in einzelnen Regelwerken in bestimmten Ausprägungen zum Ausdruck gelangen kann (vgl. etwa IAS 2.9).

3.1.2.3 Vergleich zum OR-Rechnungslegungsrecht

Die IFRS und das OR-Rechnungslegungsrecht weisen (insb. was die Begriffswahl anbelangt) viele Parallelen auf, doch ist ihr Grundkonzept unterschiedlich: Während es das OR-Rechnungslegungsrecht genügen lässt, dass sich ein Dritter anhand der Rechnungslegung ein *zuverlässiges* Urteil über die wirtschaftliche Lage des Unternehmens bilden können muss, verlangen die IFRS die Vermittlung eines den *tatsächlichen* Verhältnissen entsprechendes Bild. Die Bestimmungen gemäss IFRS gehen somit weiter als diejenigen des OR. Dies lässt sich namentlich anhand des Vorsichtsprinzips beurteilen: Für das OR-Rechnungslegungsrecht kommt diesem Prinzip seit jeher eine bedeutende Funktion zu, zumal im Vordergrund der Rechnungslegungslegung der Gläubigerschutz steht. Sieht sich das bilanzierungspflichtige Unternehmen mit Ungewissheiten konfrontiert, hat es von einem weniger optimistischen Bild auszugehen. Durch die Einführung des *prudence principle* im Rahmenkonzept für die Finanzberichterstattung 2018 hat somit nicht zu einer Wiedereinführung des Vorsichtsprinzips geführt. Im IFRS-Standard gibt es somit auch heute noch kein dem Konzept *true and fair view* übergeordnete Vorsicht, die ein Abweichen von einer tatsächlichen Darstellung der finanziellen Lage des Unternehmens rechtfertigen würde. Gewiss gibt es zwischen dem IFRS-Standard und dem OR-Rechnungslegungsrecht noch weitere konzeptionelle Unterschiede, auf die vorliegend jedoch nicht abschliessend eingegangen werden kann. Nach der hier vertretenen Auffassung erscheint es jedoch für die Beantwortung der Frage, ob und inwiefern Daten bilanziell zu erfassen sind, besonders wichtig, dass sich das bilanzierungspflichtige Unternehmen der unterschiedlichen grundkonzeptionellen Ausgestaltung dieser beiden Regelwerke bewusst ist.

3.2   Bilanztechnische Aktivierung

3.2.1   Vorfragen

3.2.1.1 Ansatzkonzept

Den IFRS liegt ein mehrstufiges Ansatzkonzept zugrunde. Als Aktiven kommen grundsätzlich nur *Vermögenswerte* infrage. Damit überhaupt ein Vermögenswert vorliegt, müssen die im Rahmenkonzept für die Finanzberichterstattung 2018 definierten Kriterien der *abstrakten Bilanzierungsfähigkeit* erfüllt sein. Tatsächlich bilanzierbar sind diese Vermögenswerte jedoch nur, wenn zusätzlich die im Rahmenkonzept definierten Kriterien der *konkreten Bilanzierungsfähigkeit* erfüllt sind (Wawrzinek und Lübbig 2016, § 2 N 122 ff.). Demnach vermögen die

Einzelstandards unter Umständen eine über die konkrete Bilanzierungsfähigkeit hinausgehende Ansatzhürde zu schaffen (Schwarz 2019, S. 247 f.; Stefani 2019, Art. 959 N 10).

3.2.1.2 Anwendbare Regelungen

Das Rahmenkonzept für die Finanzberichterstattung 2018 enthält allgemeine Voraussetzungen für die bilanztechnische Aktivierung von *Vermögenswerten*. Diese allgemeinen Ansatzregeln gelten sowohl für materielle als auch für immaterielle Vermögenswerte (Wawrzinek und Lübbig 2016, § 2 N 129). IAS 38 regelt den Ansatz von *langfristigen immateriellen Vermögenswerten*. IAS 38.3 nimmt diejenigen immateriellen Vermögenswerte aus dem Anwendungsbereich von IAS 38, die bereits Gegenstand eines anderen Standards sind (Böcking und Wiederhold 2014, IAS 38 N 2 und 5 ff.). Für den Ansatz von k*urzfristigen immateriellen Vermögenswerten* kommen namentlich die Standards gemäss IAS 2 (Vorräte) sowie IFRS 15 (Erlöse aus Kundenverträgen) in Frage (Schwarz 2019, S. 246 f.).

Gemäss IAS 1.66 hat ein Unternehmen einen Vermögenswert als kurzfristig zu klassifizieren, wenn:

- dessen Realisierung innerhalb des normalen Geschäftszyklus erwartet oder dieser zum Verkauf oder Verbrauch innerhalb dieses Zeitraums gehalten wird;
- dieser primär für Handelszwecke gehalten wird;
- dessen Realisierung innerhalb von 12 Monaten nach dem Abschlussstichtag erwartet wird; oder
- Zahlungsmittel oder Zahlungsmitteläquivalente vorliegen.

Alle anderen Vermögenswerte sind als langfristig einzustufen (Böcking und Wiederhold 2014, IAS 38 N 5 ff.).

Nachfolgende Ausführungen beschränken sich auf die Anwendbarkeit von IAS 38, weshalb somit Daten im Vordergrund stehen, die sich als langfristige immaterielle Vermögenswerte qualifizieren. An dieser Stelle ist jedoch darauf hinzuweisen, dass Daten auch Gegenstand von Vorräten sowie von Kundenverträgen sein können, wobei eine Beurteilung dann nach IAS 2 bzw. IFRS 15 zu erfolgen hat (vgl. Schwarz 2019, S. 280 ff.).

3.2.2 Allgemeine Aktivierungsvoraussetzungen

3.2.2.1 Grundvoraussetzungen

Gemäss Rahmenkonzept für die Finanzberichterstattung 2018 ist ein Vermögenswert eine aktuelle und ökonomische Ressource, die aufgrund von *Ereignissen der Vergangenheit* in der *Verfügungsmacht* eines Unternehmens steht und von der erwartet wird, dass dem bilanzierungspflichtigen Unternehmen *potenziell* ein künftiger *wirtschaftlicher Nutzen* zufliesst (Ziff. 4.3 f.).

Die Definition gleicht in mehrfacher Hinsicht derjenigen im OR-Rechnungslegungsrecht. So muss die Ressource (welche im Rahmenkonzept für die Finanzberichterstattung 2018 auch als Recht bezeichnet wird) auch hier dem bilanzierungspflichtigen Unternehmen aufgrund vergangener Geschäftsvorfälle zugefallen sein *(Ereignis der Vergangenheit)* und es muss im Sinne einer wirtschaftlichen Betrachtungsweise darüber verfügen können *(Verfügungsmacht)*. Des Weiteren muss die Ressource direkt oder indirekt zu einer Erhöhung des Cashflows oder Verminderung des Geldabflusses führen *(wirtschaftlicher Nutzenzufluss)* (Schwarz 2019, S. 249 ff.).

Während das Rahmenkonzept für die Finanzberichterstattung 2010 noch das Kriterium stellte, dass der zukünftige Nutzenzufluss *wahrscheinlich* zu sein hat, so besteht dieses Erfordernis in der Neufassung 2018 nicht mehr. Stattdessen ist lediglich noch von einem *potenziellen* künftigen wirtschaftlichen Nutzenzufluss die Rede. Entsprechend statuiert Ziff. 4.14 folgendes:

"For that potential to exist, it does not need to be certain, or even likely, that the right will produce economic benefits."

Durch die Streichung des Wahrscheinlichkeitserfordernisses wird ersichtlich, dass die Hürde für den Ansatz eines Vermögenswerts in der Bilanz tiefer angesetzt wurde, zumal ein Potenzial eine Situation beschreibt, in welcher bereits eine *Möglichkeit* vorhanden ist. Entsprechend führt Ziff. 4.15 des Rahmenkonzepts für die Finanzberichterstattung 2018 auch folgendes aus:

"A right can meet the definition of an economic resource, and hence can be an asset, even if the probability that it will produce economic benefits is low."

Die vor der Veröffentlichung des neuen Rahmenkonzepts für die Finanzberichterstattung 2018 geführte Diskussion über den geforderten *Wahrscheinlichkeitsgrad* hat sich somit auf eine neue Ebene verschoben. Während früher darüber debattiert wurde, wie hoch die Wahrscheinlichkeit zu sein hat, dürfte heute wohl darüber gestritten werden, wie gross das Potenzial zu sein hat. Eine abschliessende Beurteilung des erforderlichen Masses kann vorliegend nicht erfolgen. Zu berücksichtigen gilt jedoch, dass es sich sowohl beim Begriff der Wahrscheinlich als auch des Potenzials um unbestimmte Terminologien handelt, die es im Lichte des Prinzips *true and fair view* auszulegen gilt.

Ebenfalls in der Neufassung 2018 gestrichen wurde das Erfordernis, wonach ein Ansatz von Vermögenswerten nur zulässig ist, wenn dieser verlässlich bewertet werden kann *(verlässlich schätzbarer Wert)*. Wie später jedoch noch darauf einzugehen sein wird, bedeutet dies jedoch nicht, dass einzelne Standards nicht dennoch an dieser Voraussetzung festhalten können (vgl. z. B. IAS 38.21).

3.2.2.2 Voraussetzungen nach IAS 38

IAS 38 greift die allgemeinen Aktivierungsvoraussetzungen gemäss Rahmenkonzept wieder auf und verdeutlicht diese. Gleichzeitig stellt der Standard zusätzliche Kriterien auf, die es im Rahmen der Aktivierung von langfristigen immateriellen Vermögenswerten zu berücksichtigen gilt. Ausgangspunkt bildet IAS 38.18, wonach der Ansatz eines Postens als immaterieller Vermögenswert den Nachweis verlangt, dass dieser Posten der *Definition eines immateriellen Vermögenswerts* entspricht und die (verdeutlichten bzw. zusätzlichen) Ansatzkriterien erfüllt (IAS 38.18).

Definition immaterieller Vermögenswert

Immaterielle Güter qualifizieren nur dann als ansetzbare *Vermögenswerte*, wenn sie die im Rahmenkonzept genannten Kriterien erfüllen und zusätzlich *identifizierbar* und *beherrschbar* sind.

IAS 38.8 definiert einen immateriellen Vermögenswert als einen *identifizierbaren, nicht monetären Vermögenswert ohne physische Substanz.* Auf den immateriellen Charakter wurde bereits im OR-Rechnungslegungsrecht eingegangen, weshalb auf die dortigen Ausführungen verwiesen werden kann. Nun muss der immaterielle Vermögenswert aber noch identifizierbar sein, um ihn vom Geschäfts- oder Firmenwert unterscheiden zu können (IAS 38.11). Ein immaterieller Vermögenswert ist identifizierbar, wenn er separierbar ist oder aus vertraglichen oder anderen gesetzlichen Rechten entsteht. Separierbar ist ein Vermögenswert, wenn er vom Unternehmen getrennt und verkauft, übertragen, lizenziert, vermietet oder getauscht werden kann (IAS 38.12).

Ein Unternehmen hat Verfügungsgewalt über einen Vermögenswert, wenn es in der Lage ist, sich den künftigen wirtschaftlichen Nutzen zu verschaffen sowie den Zugriff Dritter auf diesen Nutzen beschränken kann. Die juristische Durchsetzbarkeit eines Rechts ist keine notwendige Voraussetzung für die Beherrschbarkeit, da ein Unternehmen in der Lage sein kann, auf andere Weise Verfügungsgewalt über den künftigen wirtschaftlichen Nutzen auszuüben (IAS 38.13). Markt- oder technische Erkenntnisse können zu künftigen wirtschaftlichen Nutzen führen. Durch Schützen dieses Wissens kann Verfügungsgewalt begründet werden (IAS 38.14). Was die Beherrschbarkeit von Kundenbeziehungen anbelangt, so äussert sich der Standard kritisch dazu. Kundenbeziehungen (z. B. Kundenstamm) vermögen nur dann die Ansatzkriterien zu erfüllen, wenn über diese u. a. eine Kontrolle ausgeübt werden kann (z. B. anhand von Rechtsansprüchen) (IAS 38.16).

Ansatzkriterien

Liegt ein immaterieller Vermögenswert vor, so ist dieser nur dann anzusetzen, wenn es *wahrscheinlich* ist, dass dem Unternehmen der erwartete künftige wirtschaftliche Nutzen aus dem Vermögenswert zufliessen wird und die Anschaffungs- oder Herstellungskosten des Vermögenswerts *verlässlich bewertet* werden können (IAS 38.21). Die Wahrscheinlichkeitsbeurteilung hat anhand von vernünftigen und begründeten Annahmen zu erfolgen (IAS 38.22). Es handelt sich hierbei um einen Ermessensentscheid des Unternehmens, wobei die zur Beurteilung des Sicherheitsgrades hinzuzuziehenden externen Faktoren grösseres Gewicht beizumessen ist (IAS 38.23). Das Wahrscheinlichkeitserfordernis fungiert hier nicht als Definitionsmerkmal eines Vermögenswerts, sondern als ein Ansatzkriterium. Der Übergang von Definition und Ansatz ist jedoch fliessend, woraus ersichtlich wird, dass IAS 38 hinsichtlich Ansatzerfordernis weiter geht als das im Rahmenkonzept statuierte Potenzial des Nutzenzuflusses.

Der Grad der Wahrscheinlichkeit wird in der Doktrin kontrovers diskutiert. So wird unter Verweis auf IAS 37.23 die Meinung vertreten, dass der Eintritt des wirtschaftlichen Nutzens *"more likely than not"* zu sein hat. Andere wiederum fordern eine quasi Gewissheit im Sinne von *"certain or virtually certain"* und verweisen auf IAS 37.33 (Schwarz 2019, S. 251 ff. m.w.H.). Nach der hier vertretenen Auffassung darf die Wahrscheinlichkeitsschwelle nicht zu tief angesetzt werden. Obschon dem Vorsichtsprinzip im Kontext der IFRS eine geringere Bedeutung als im OR-Rechnungslegungsrecht beizumessen ist, so darf indes nicht vergessen werden, dass sich das Prinzip *true and fair view* nur dann zu entfalten vermag, wenn der Abschluss glaubhaft und fehlerfrei ist. Glaubhaftigkeit und Fehlerfreiheit kann unter Umständen durchaus eine vorsichtige Schätzungsweise verlangen.

IAS 38.25 geht von der Annahme aus, dass bei derivativ (einzeln) erworbenen Vermögenswerten die Kriterien des wahrscheinlichen Mittelzuflusses sowie der zuverlässigen Bewertbarkeit immer gegeben sind. Dies deshalb, weil der immaterielle Vermögenswert einen Markttest überstanden hat und bezifferbare Anschaffungskosten vorliegen. Schwieriger gestaltet sich die Beurteilung der Aktivierungsvoraussetzungen bei originären immateriellen Vermögenswerten. Gemäss IAS 38.52 ist der Erstellungsprozess in eine Forschungs- und Entwicklungsphase zu unterteilen. IAS 38.54 statuiert für Forschungskosten ein pauschales Ansatzverbot. Dieser Bestimmung liegt die Prämisse zu Grunde, dass ein zukünftiger wirtschaftlicher Nutzen nicht nachweisbar ist, zumal es bereits an der Identifizierbarkeit eines solchen „Werts" fehlt. Anders verhält es sich für die im Rahmen der Entwicklungsphase anfallenden Kosten. Gemäss IAS 38.57 darf ein aus der Entwicklung (oder der Entwicklungsphase eines internen Projekts) entstehender immaterieller Vermögenswert dann angesetzt werden, wenn das Unternehmen den Nachweis erbringen kann, dass eine Fertigstellung beabsichtigt und realisierbar sowie eine Nutzung möglich ist. Überdies muss der immaterielle Vermögenswert ein künftiger wirtschaftlicher Nutzen erzielen sowie müssen die zurechenbaren Ausgaben verlässlich bewertet werde können.

3.2.3 Bilanztechnische Aktivierung von Daten

3.2.3.1 Grundvoraussetzungen

Wie bereits erwähnt, ergeben sich die Grundvoraussetzungen für das Vorliegen eines Vermögenswerts aus dem Rahmenkonzept für die Finanzberichterstattung 2018. Wie bereits das OR-Rechnungslegungsrecht verlangen auch die IFRS, dass das bilanzierungspflichtige Unternehmen aufgrund vergangener Ereignisse die Verfügungsmacht über das in Frage stehende Gut, aus dem ein künftiger wirtschaftlicher Nutzen fliessen soll, haben muss. Es kann hierzu auf die bisherigen Ausführungen verwiesen werden. Ein Unterschied besteht jedoch in der Bemessung des Wahrscheinlichkeitsgrades bzw. des Potenzials: Die IFRS verlangen lediglich, dass ein *potenziell* künftiger wirtschaftlicher Nutzen aus dem Gut fliessen muss. Dem Vorsichtsprinzip ist eine viel geringere Bedeutung beizumessen als im OR-Rechnungslegungsrecht. Die IFRS lassen somit eine höhere Unsicherheit zu, wenn es um die Beantwortung der Frage geht, ob aus den Daten ein zukünftiger wirtschaftlicher Nutzen fliessen wird.

3.2.3.2 Zusätzliche Voraussetzungen nach IAS 38
Daten als immaterieller Vermögenswert

Immaterieller Charakter
Wie bereits ausgeführt, handelt es sich bei Daten regelmässig um immaterielle Vermögenswerte. Dies gilt auch unter Anwendung der IFRS.

Gemäss IAS 38.69 sind Ausgaben für Werbekampagnen und Verkaufsförderungen als Aufwand zu erfassen. Big Data Projekte sind somit insb. von Marketing und übrigen Verkaufsförderungsmassnahmen abzugrenzen. Nach RAMSCHEID ist bei der bilanziellen Behandlung von Werbemassnahmen zu prüfen, ob durch die Ausgaben einzig der Verkauf gefördert wird oder aber das Unternehmen zusätzliche Vorteile (z. B. Vertriebswege) erwirbt (Ramscheid 2016, § 4 N 67). Im Zusammenhang mit der datenmässigen Generierung von personalisierten Werbeanzeigen ist zu berücksichtigen, dass Werbung und Vertriebsweg im Internet näher beieinanderliegen als in der Offline-Welt: Eine digitale Werbeanzeige ist nämlich oftmals nur einen Mausklick von Bestellfunktionen entfernt – ganz anders also als in den Fällen von physischen Werbetafeln, bei denen noch ein Gang in das Ladenlokal nötig ist. Nach der hier vertretenen Auffassung bieten personalisierte Werbeanzeigen, die gestützt auf Daten generiert werden, i. d. R. stets neue Vertriebswege bzw. –kanäle. Ein solches Big Data Projekt geht somit weiter als „herkömmliche" Werbemassnahmen (Schwarz 2019, S. 271).

Identifizierbarkeit

Daten vermögen durchaus identifizierbar zu sein. Dies trifft namentlich dann zu, wenn das bilanzierungspflichtige Unternehmen diese getrennt verkaufen, übertragen oder lizenzieren kann. Schwieriger gestaltet sich die Sachlage, wenn Daten in Verbindung mit anderen (materiellen oder immateriellen) Vermögenswerten verwendet werden. Zu denken ist etwa an Computerprogramme, welche im Rahmen einer Data Warehouse Lösung verwendet werden. Die Identifizierbarkeit ist nur dann zu bejahen, wenn der sich aus den Daten ergebende wirtschaftliche Nutzen isoliert festgestellt und verwertet werden kann. Werden Daten somit für Analysezwecke aufbereitet und verwendet, so erscheint es im Hinblick auf deren Bilanzierbarkeit wichtig, dass das Unternehmen Informationen sammelt und aufbereitet, anhand diesen die entsprechende Zuweisung des wirtschaftlichen Nutzens plausibilisiert werden kann (Schwarz 2019, S. 274 f.).

Verfügungsmacht (Beherrschbarkeit)

Auch in Bezug auf das Erfordernis der Verfügungsmacht gleichen sich das OR-Rechnungslegungsrecht und die IFRS: Beide Regelwerke verfolgen eine wirtschaftliche Betrachtungsweise. Gemäss Ziff. 4.7 und Ziff. 4.22 des Rahmenkonzepts für die Finanzberichterstattung 2018 kann ein Unternehmen über erworbenes oder selbst erschaffenes Know-how verfügen, wenn es die Öffentlichkeit von dessen Gebrauch ausschliessen kann. Namentlich wird nicht verlangt, dass das Know-how immaterialgüterrechtlich geschützt ist (wie dies etwa bei einem Patent der Fall ist). Wie bereits erwähnt, stellt Know-how Wissen dar. Sofern (analysierte) Daten ebenfalls (neues) Wissen generieren, können diese mit Know-how gleichgesetzt werden. Dieses Wissen bedarf einer gewissen Exklusivität, ansonsten es für das bilanzierende Unternehmen kaum mehr zu einem wirtschaftlichen Nutzen führen wird. Da Daten nicht stets urheberrechtlich geschützt sein müssen, vermögen insb. Massnahmen zur Geheimhaltung für eine Exklusivität zu sorgen. Im Vordergrund steht somit nicht der *rechtliche*, sondern der technische Drittverwendungsausschluss (z. B. Authentifikationen, Zugangsbeschränkungen wie Passwörter, etc.). Bei der Übertragung von Daten stellt insb. die Datenverschlüsselung eine wichtige Rolle dar (Schwarz 2019, S. 273).

Ansatzkriterien

Wahrscheinlichkeit

Nach der hier vertretenen Auffassung hat sich die Bemessung des Wahrscheinlichkeitsgrades am Prinzip *true and fair view* zu richten. Im Zusammenhang mit Daten dürfte die Festlegung der Eintrittswahrscheinlichkeit anhand von konkreten Prozentsätzen ungeeignet sein. Im Vordergrund steht vielmehr die Frage, welche internen und externen Hinweise zur Beurteilung des Nutzenzuflusses herangezogen werden können und wie diese qualitativ zu werten sind (Schwarz 2019, S. 273).

Bei *erworbenen* Daten dürfte der Nachweis eines wahrscheinlichen Nutzenzuflusses unproblematisch sein. Welche Hinweise zur Beurteilung bei *selbst erarbeiteten* Daten herangezogen werden können, hängt primär von ihrer beabsichtigten Verwendung ab. Als *interne* Hinweise gelten etwa Erfahrungswerte. Hierzu zählen z. B. Angaben über bereits erfolgreich abgeschlossene Big Data Projekte. Weiter kann das Unternehmen beabsichtigen, die zu aktivierenden Daten in den betrieblichen Leistungserstellungsprozess zu integrieren (z. B. Datenintegration durch Kostenoptimierung oder Effizienzsteigerung). Als externe Hinweise kommen etwa Verkaufszahlen von vergleichbaren Daten in Betracht (Schwarz 2019, S. 274).

Verlässlich schätzbarer Wert

Auch das OR-Rechnungslegungsrecht verlangt, dass die zu aktivierenden Daten verlässlich schätzbar sein müssen. Es kann hierzu auf die dortigen Ausführungen verwiesen werden. Das Kriterium der verlässlichen Schätzbarkeit wurde in der jüngsten Revision des Rahmenkonzepts für die Finanzberichterstattung 2018 zwar entfernt, doch wurde es durch IAS 38 zumindest für langfristige immaterielle Daten wieder eingeführt.

3.2.3.3　Daten als Gegenstand von Forschung und Entwicklung

Dass Daten Gegenstand von Forschung und Entwicklung sein können, wurde bereits im Zusammenhang mit dem OR-Rechnungslegungsrecht festgehalten, weshalb auf die dortigen Ausführungen verwiesen werden kann. An dieser Stelle sei einzig erwähnt, dass im Rahmen der Frage, ob und inwiefern sich Big Data Projekte sinnvollerweise in eine Forschungs- und Entwicklungsphase unterteilen lassen, für die Frage der Aktivierung entscheidend ist. Hierbei darf der Technologiebezug nicht unterschätzt werden. Jede Big Data Anwendung basiert auf einer konkreten Anwendungsarchitektur, die es zunächst auf individueller Basis zu entwerfen gilt. Die einzelnen Komponenten sowie Prozesse dieser Architektur müssen zunächst definiert werden, bevor das Projekt in das Umsetzungsstadium übergeht. An diesem Punkt besteht denn auch der Übergang von der Forschungs- zur Entwicklungstätigkeit (Schwarz 2019, S. 277).

> **Fazit**
>
> Die Ausführungen haben gezeigt, dass auch unter den Bestimmungen des IASB Daten bilanzierungsfähig sein können, sofern die hierfür vorgesehenen Ansatzkriterien erfüllt sind. Im Vordergrund dürften wohl die Kriterien gemäss IAS 38 stehen.
>
> Zwischen den Aktivierungsvoraussetzungen gemäss OR-Rechnungslegungsrecht sowie denjenigen gemäss IAS 38 gibt es viele Überschneidungen. Obschon das Rahmenkonzept für die Finanzberichterstattung 2018 nur noch einen potenziellen Nutzenzufluss vorschreibt, hat eine Wahrscheinlichkeitsbeurteilung nach wie vor gestützt auf IAS 38 zu erfolgen. Auch dieser Umstand führt zu einer Angleichung zwischen den nationalen und internationalen Regelwerken. Im Gegensatz zum OR-Rechnungslegungsrecht, welches dem Vorsichtsprinzip einen grossen Stellenwert einräumt, hat sich die Wahrscheinlichkeitsbeurteilung nach den IFRS jedoch am Prinzip *true and fair view* zu orientieren.

Literatur

Böcking, Hans-Joachim, und Philipp Wiederhold. 2014. IAS 38 – Immaterielle Vermögenswerte (Intangible Assets). In *Münchener Kommentar zum Bilanzrecht*, Hrsg. Joachim Hennrichs, Detlef Kleindiek, und Christoph Watrin. München: Beck.

Lüdenbach, Norbert, Wolf-Dieter Hoffmann, und Jens Freiberg. 2019. *IFRS Kommentar*. Das Standardwerk. Freiburg: Haufe.

Ramscheid, Marcel. 2016. Immaterielle Vermögenswerte. In *Beck'sches IFRS-Handbuch*. Kommentierung der IFRS/IAS, Hrsg. Dirk Driesch, Joachim Riese, Jörg Schlütter und Thomas Senger. München: Beck.

Schwarz, Angelica Maria. 2019. *Die handels- und steuerrechtliche Behandlung von Daten*. Unter besonderer Berücksichtigung von verrechnungspreislichen Aspekten im internationalen Konzernverhältnis. Diss. Zürich: Stämpfli.

Stefani, Ulrike. 2019. Art. 959. In *Rechnungslegung nach Obligationenrecht – veb.ch Praxiskommentar*, Hrsg. Dieter Pfaff, Stephan Glanz, Thomas Stenz, und Florian Zihler. Zürich: veb.ch.

Wawrzinek, Wolfgang, und Lübbig Maike. 2016. In *Beck'sches IFRS-Handbuch*. Kommentierung der IFRS/IAS, Hrsg. Dirk Driesch, Joachim Riese, Jörg Schlütter und Thomas Senger. München: Beck.

Zülch, Henning, und Matthias Hendler. 2019. *Die Verlautbarungen der IASB-Rechnungslegung*. Leipzig: Wiley.

Was Sie aus diesem *essential* mitnehmen können

- Daten verbessern bestehende oder schaffen neue Wertschöpfungsmöglichkeiten für Unternehmen.
- Im Zusammenhang mit Big Data Strategien spielt der Veredelungsprozess von Daten eine ausschlaggebende Rolle.
- Das Erkennen von durch Daten geschaffene Unternehmenspotenziale erfordert ein vernetztes Denken, wobei Gruppengesellschaften innerhalb von Konzernstrukturen nicht isoliert zu betrachten sind.
- Die Frage, ob Daten bilanzierbar sind, lässt sich nur anhand einer methodische Herangehensweise beantworten.
- Ob und inwiefern Daten bilanzierbar sind, hängt vom anwendbaren Rechnungslegungsstandard ab.

© Springer Fachmedien Wiesbaden GmbH, ein Teil von Springer Nature 2020

A. M. Schwarz, *Bilanzierung von Daten*, essentials,

https://doi.org/10.1007/978-3-658-28908-9